W0398802

FLORENCE

DEDANS ET DEHORS

158 ILLUSTRATIONS EN COULEURS - 26 PLANS

EDIZIONI STORTI

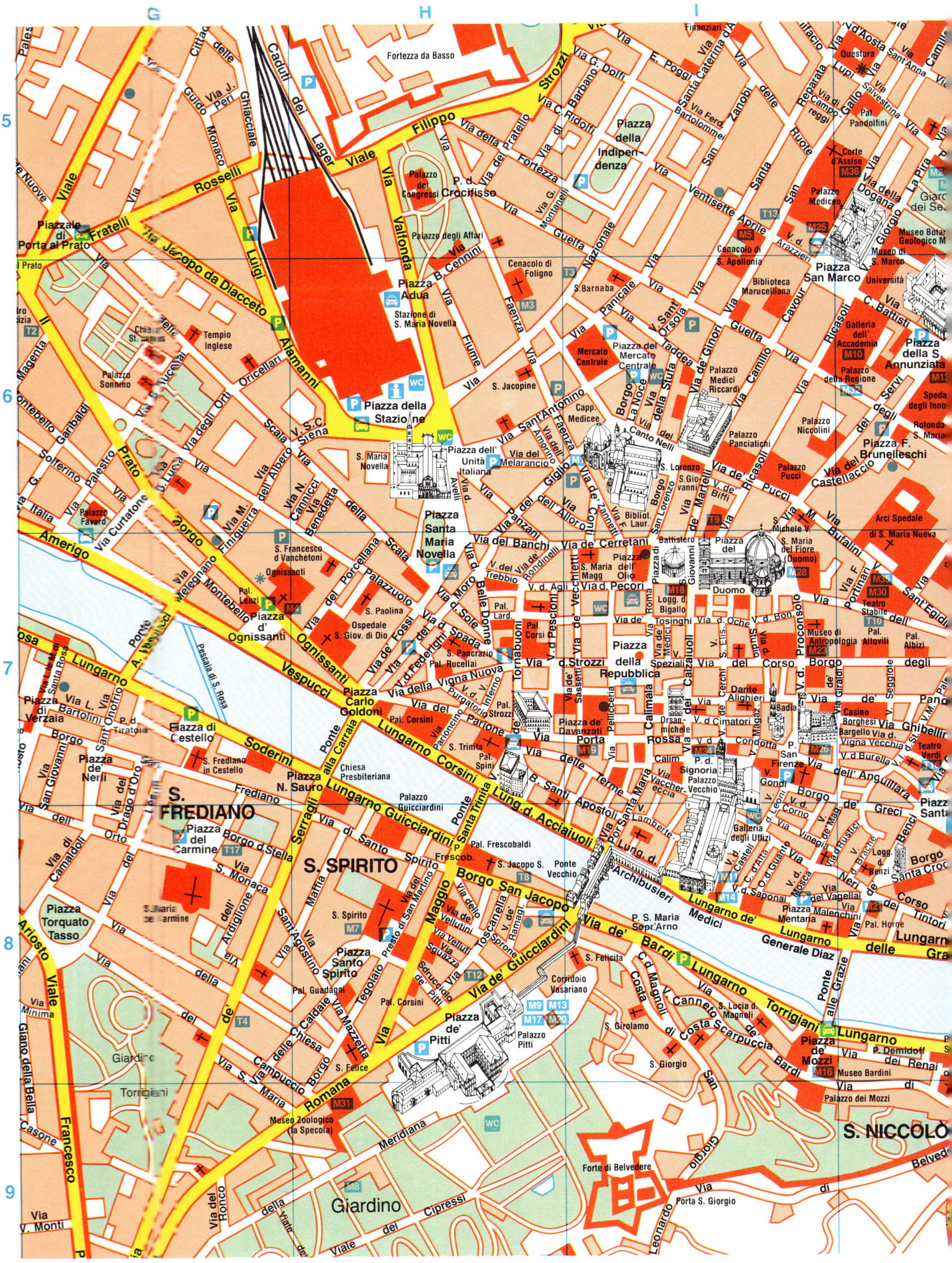
G
H
I
5
6
7
8
9
Fortezza da Basso
Viale Filippo Strozzi
Piazza della Indipendenza
P. d. Crocifisso
Palazzo dei Congressi
Palazzo degli Affari
Piazza Adua
Stazione di S. Maria Novella
Piazza della Stazione
Piazza dell' Unità Italiana
S. Maria Novella
Piazza Santa Maria Novella
Mercato Centrale
Piazza del Mercato Centrale
Capp. Medicee
S. Lorenzo
Bibliot. Laur.
Palazzo Medici Riccardi
Palazzo Pancatichi
Palazzo Pucci
Palazzo Niccolini
Piazza San Marco
Museo di S. Marco
Università
Galleria dell' Accademia
Palazzo della Regione
Piazza della S. Annunziata
Piazza F. Brunelleschi
Arci Spedale di S. Maria Nuova
Biblioteca Marucelliana
Cenacolo di S. Apollonia
Cenacolo di Foligno
Corte d'Assise
Palazzo Medicei
Questura
Pal. Pandolfini
Battistero
Duomo
S. Maria del Fiore (Duomo)
Museo di Antropologia
Teatro Stabile
Piazza della Repubblica
Orsanmichele
Piazza Signoria
Palazzo Vecchio
Galleria degli Uffizi
Dante Alighieri
Badia
Casino Borghesi
Teatro Verdi
Piazza Santa Croce
Ponte Vecchio
S. Jacopo S.
Lungarno Acciaiuoli
Lungarno Corsini
Lungarno Guicciardini
Lungarno Soderini
Lungarno Vespucci
Lungarno de' Medici
Lungarno Generale Diaz
Lungarno Torrigiani
Ponte alle Grazie
Ponte Santa Trinita
Ponte alla Carraia
Ponte A. Vespucci
Piazza Carlo Goldoni
Pal. Corsini
Pal. Strozzi
Pal. Rucellai
Piazza d' Ognissanti
Ognissanti
S. Francesco d Vanchetoni
Tempio Inglese
Piazzale di Porta al Prato
Palazzo Sonnino
Palazzo Favard
Piazza di Cestello
S. Frediano in Cestello
S. FREDIANO
Piazza del Carmine
S. Maria del Carmine
Piazza Torquato Tasso
S. SPIRITO
Piazza Santo Spirito
S. Spirito
Palazzo Guicciardini
Pal. Frescobaldi
Chiesa Presbiteriana
Pal. Guadagni
Piazza de' Pitti
Palazzo Pitti
Corridoio Vasariano
Museo Zoologico (la Specola)
Giardino
Torrigiani
S. Felicita
S. Girolamo
S. Giorgio
Forte di Belvedere
Porta S. Giorgio
Piazza de' Mozzi
Museo Bardini
Palazzo dei Mozzi
S. NICCOLÒ
Via de' Bardi
Via de' Guicciardini
Via Romana
Borgo San Jacopo
Via Maggio
Via Serragli
Via dei Calzaiuoli
Via de' Tornabuoni
Via de' Cerretani
Via Nazionale
Via Cavour
Via Ricasoli
Via dei Servi
Via Faenza
Via Panzani
Viale Fratelli Rosselli
Via Jacopo da Diacceto
Via Alamanni
Via Valfonda
Via Guelfa
Via XXVII Aprile
Borgo Ognissanti
Via il Prato
Viale Ariosto
Viale Francesco Petrarca
Via della Scala
Via Palazzuolo

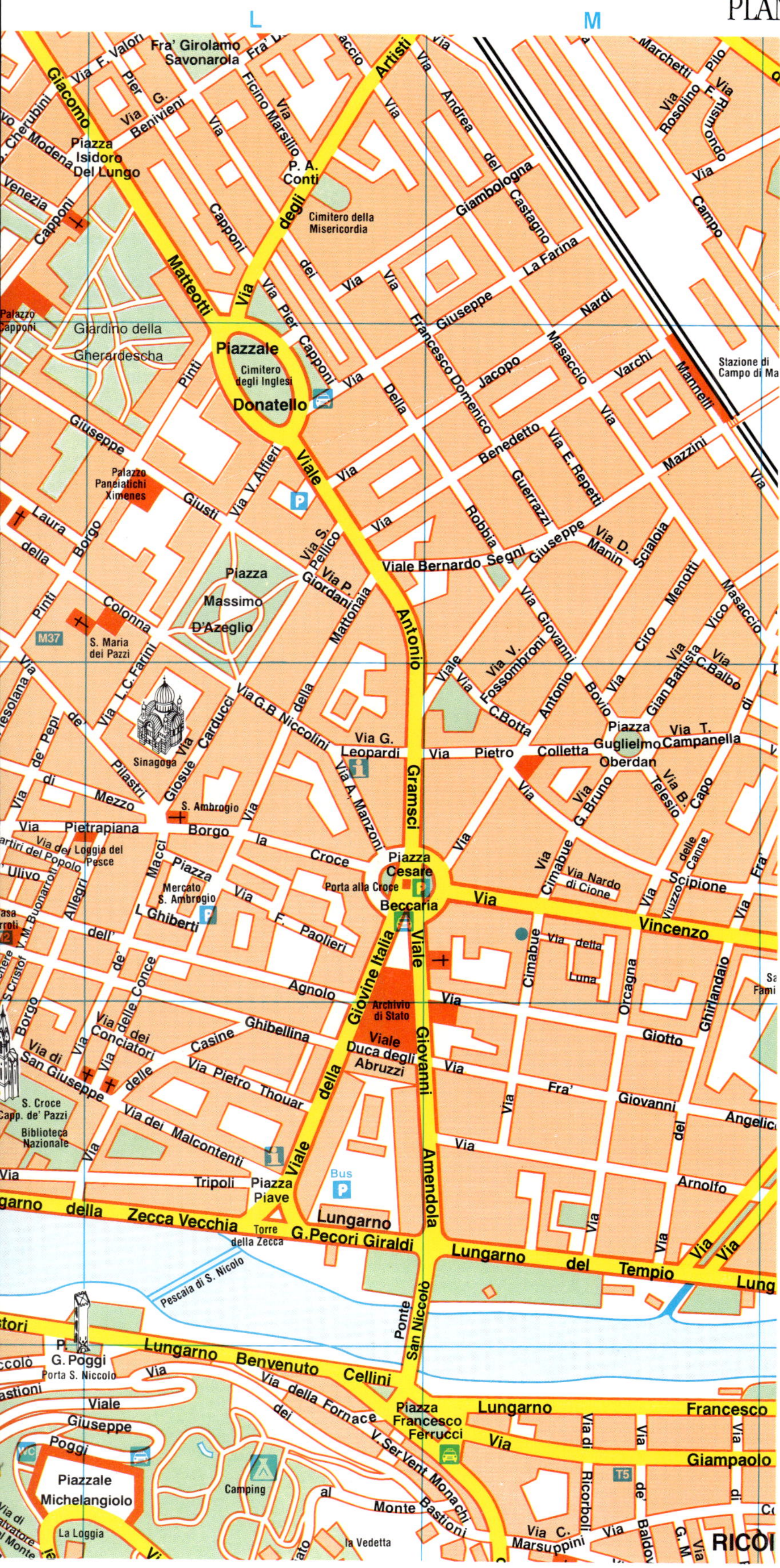

LÉGENDE

GALERIES, MUSÉES, CÉNACLES

Cénacle S.Apollonia, I 5
Galerie d'art Moderne, H 8
Galerie des Offices, I 8
Galerie Palatine ou Pitti, H 8
Institut et Musée d'Histoire et de la Science, I 8
Manufacture des Pierres Dures, K 6
Musée Archéologique, K 6
Musée Bardini, K 8
Musée de Beato Angelico, K 5
Musée de la Maison Florentine Ancienne, I 7
Musée de l'Opera de Santa Croce, K 8
Musée de l'Opera du Dôme, I 7
Musée des Argents, H 8
Musée des Carrosses, H 8
Musée Horne, K 8
Musée National ou du Bargello, I 7

LIEUX INTERESSANTS

Cimetière des Anglais, L 6
Baptistère, I 7
Bibliothèque Laurenziana, I 6
Bibliothèque Nationale, K 8
Borgo Ognissanti, G/H 6/7
Forteresse da Basso, H 5
Forteresse du Belvedere, I 9
Hôpital des Innocents, K 6
Loge des Benci, K 8
Loge du Bigallo, I 7
Nouvelle Sacristie, I 6
Palais Davanzati, I 7
Palais Médicis-Riccardi, I 6
Palais Pitti, H 8
Palais Rucellai, H 7
Palais Strozzi, H 7
Palazzo Vecchio, I 7
Piazza del Mercato Centrale, I 6
Piazzale Michelangelo, K/L 9
Place du Dôme, I 7
Place de la Gare de S.M. Novella, H 6
Place S.Giovanni, I 7
Place S.Marco, I 6
Place S.Maria Novella, H 7
Place Ss. Annunziata, K 6
Porta S.Niccolò, K/L 9
Synagogue, L 7
Via Pôr Santa Maria, I 8
Vieille Sacristie, I 6

BASILIQUES, ÉGLISES, CHAPELLES

Basilique de S.Croce, K 8
Basilique de S.Maria del Fiore, I 7
Chapelle des Médicis, I 6
Chapelle des Pazzi, K 8
Chapelle des Princes, I 6
Église des Carmes, G 8
Église de S.Lorenzo, I 6
Église San Frediano, G 8
Église Santa Maria Novella, H 6
Église Santa Trínita, H 7
Église Santo Spirito, H 8
Orsanmichele, I 7

JARDINS, PONTS, RUES

Jardin Bòboli, H 9
Pont alle Grazie, I/K 8
Pont S.Niccolò, L/M 8
Pont S.Trínita, H 8
Ponte Vecchio, I 8

FLORENTIA CITÉ ROMAINE

Selon la tradition, le nom de Florence dérive de celui d'un ancien roi de Fiésole, Florino qui fut tué et enseveli sur les rives de l'Arno dans un champ de lys. Le nom de la ville provient aussi du mot *fluenti* et rappelle le flux des eaux de l'Arno sur les rives duquel les Romains fondèrent la ville. On pense de façon plus réaliste que Florentia était l'un des noms que les vétérans romains donnaient à leurs colonies en guise d'augure.

Florentia cité romaine: le Forum - Place de la République, le Cardo Maximus - Via Strozzi, Via degli Speziali et Via del Corso.
Le Decumanus: Via Pôr Santa Maria, Via Calimala et Via Roma.
Le Théâtre près de la place della Signoria.
Les Thermes, via delle Terme.
L'Amphithéâtre - Palais Peruzzi en Via Torta.
Le Castrum romain fut fondé en 59 a.J.C. Il est de forme carrée, avec des côtés de 500 mètres de long et il est situé sur la rive droite de l'Arno.
Après la chute de l'empire romain la ville de Florence fut envahie et détruite par les invasions.

Les Bysantins transformèrent la ville en un champ retranché. Sous les Lombards, Florence connut un certain essor, mais Lucques ayant été choisi comme capitale du duché, Florence n'a toujours qu'un rôle secondaire. Durant l'époque carolingienne furent construites des enceintes qui encerclent une partie de la cité romaine et quelques petits terrains près de l'Arno. Le Baptistère, l'église de Sainte Reparata et le palais du Margrave siège du gouvernement du comté, restent hors des murs d'enceinte. Ce n'est qu'au 12e siècle que ce quartier est englobé dans de nouveaux murs; c'est l'époque de la comtesse Mathilde, et Florence devient la Capitale du marquisat de Toscane.

Florence. Vue Panoramique

Jusqu'au 12e siècle la population florentine reste à l'intérieur du cercle étroit des murs tracés par les Romains.
Au début du 13e siècle on construit la seconde enceinte de murailles qui multiple par quatre l'espace urbain. Ce dernier conserve à peu près sa forme carrée.
La troisième enceinte est construite entre 1284 et 1333 et elle encercle plus de 500 hectares de terrain. La ville a maintenant la surface qu'elle conservera jusqu'au 19e siècle.

LES MAISONS-TOURS

Les maisons hautes et serrées entre elles, que l'on appelle les maisons-

Loggia du Bigallo. Florence au 14e siécle (Fresque)

tours occupant tout l'espace sauf le parvis des églises et le vieux marchè situé au croisement de l'ancien èchiquier romain.

Lorsque les tours appartenaient à une seule famille, elles étaient réunies de façon à former un véritable îlot avec une cour intérieure; les galeries extérieures étaient en bois et elles étaient composées d'éléments mobiles qui s'encastraient dans des ouvertures spéciales.

D'après des documents anciens, ces maisons étaient au nombre de 170 et plus.

Les maisons-tours des Cerchi constituent un exemple modeste mais typique de l'architecture civile qui caractérise la structure urbaine de Florence jusqu'au 14e siècle.

LES ORDRES MONASTIQUES

Les ordres monastiques se fixèrent aux environs de Florence ou dans les nouveaux faubourgs: Les Dominicains, en 1221 à Santa Maria Novella; les Franciscains en 1226 à Santa Croce; les Servi de Marie en 1248 à la Santissima Annunziata; les Augustins en 1250 à Santo Spirito; les Carmélites en 1268 dans l'église de Santa Maria del Carmine (Sainte Marie du Carmel).

ARNOLFO DI CAMBIO ET LE PLAN D'URBANISME

Au 13e siècle Florence s'agrandit et se développa sans relâche. Durant les vingts dernières années du siècle, le gouvernement de la ville engagea d'importantes dépenses pour de grands travaux qui modifièrent radicalement la physionomie de la ville. Comme de nos jours, un plan d'urbanisme fut dressé sous la direction d'Arnolfo di Cambio qui joua le rôle de technicien et d'auteur du projet. Les membres les plus éminents de la société florentine partecipèrent aux décisions, avec les magistrats du gouvernement et des quartiers, les ordres religieux, les corporations et les associations.

Sous la direction d'Arnolfo di Cambio on restructura les enceintes de la ville, on construisit et on restaura de nombreux monuments: église de Badia, de Orsanmichele (loge du marché du blé), Santa Croce, Santa Maria del Fiore, la décoration du Baptistère, le palais des Priori, la place del Duomo, la place della Signoria (de la Seigneurie). On attribue en outre à Arnolfo di Cambio: Santa Maria Maggiore, San Remigio, la Sainte Trinité, la loge du Bigallo, la loge des Lanzi. C'est ainsi que naquirent les deux centres de la ville, le centre politique et le centre religieux qui sont reliés par une rue rectiligne, la Via dei Calzaioli qui sera encore élargie au 14e siècle.

L'initiative privée se développe parallèlement à l'initiative publique selon les directions gouvernementales en matière d'urbanisme. Florence est le centre culturel italien de cette période: Giotto peint à Assise, à Rome, à Padoue, tandis

Florence. Panorama de la ville du fleuve Arno, le Clocher de Giotto et la Coupole de Brunelleschi

que Dante exilé écrit sa Divine Comédie.

LES FAMILLES DES CERCHI ET DES DONATI

La famille des Cerchi soutint la faction blanche contre la faction noire des Donati. Les luttes sanglantes entre ces deux familles ennemies affaiblirent considérablement la ville tant sur le plan politique que sur le plan économique et poussèrent Boniface VIII et Charles de Valois à jouer le rôle de médiateurs, formellement tout au moins, car en réalité ils finirent par soutenir les Noirs, si bien que les Blancs furent contraints de s'exiler. Dante Alighieri fut l'une des victimes illustres de ces évènements. Rappelés d'exil en 1303 les Cerchi ne parvinrent plus à jouer un rôle politique important.
Le représentant le plus insigne des Donati fut Corso Donati qui, à la tête de la faction des Noirs, fut à l'origine, avec l'aide de Boniface VIII et de Charles de Valois, de l'éloignement définitif des membres les plus importants de la faction blanche. Il complota longtemps pour imposer à Florence un gouvernement personnel mais son projet échoua malgré le mariage avec la fille du Seigneur de Pise Uguccione della Faggiuola.
Les grandes familles et le peuple de Florence réagirent et contraignirent Corso Donati à fuir de la ville. Durant sa fuite il tomba de cheval et resta pris dans un étrier. Il fut tué à coups de lance et d'épée par ses poursuivants (1308).

LA FAMILLE DES BARDI

Les Bardi étaient une vieille famille florentine de banquiers. Au 14e siècle elle fut très puissante et très riche car elle avait été chargée de percevoir la dîme papale dans le monde entier. Elle fit faillite en 1345 lorsque Edouard III d'Angleterre refusa de payer les dettes qu'il avait contractées envers les Bardi et lorsque la municipalité de Florence ne remboursa pas les dettes provoquées par la guerre contre Lucques. C'est au début du 13e siècle que naquirent le premières associations corporatives du commerce et de l'industrie. Dans l'ordre chronologique, naquirent et se développèrent les corporations suivantes: l'Art du Change (1206), l'Art de la Laine (1212), l'Art de la Soie (1218); puis l'Art des Juges et des Notaires, des Médecins et des Apothicaires, des Potiers et des Fourreurs. Ces corporations formèrent le groupe des Arts Majeurs qui jouirent de certains privilèges particuliers et d'une plus grande importance politique et sociale par rapport à ce qu'on appela les Arts Mineurs qui étaient des corporations de métiers économiquement plus faibles: armuriers et fabricants de cuirasses, serruriers, cordonniers, fabricants de courroies, tanneurs, drapiers, brocanteurs, forgerons, maîtres carriers, menuisiers et bûcherons, boulangers, bouchers, marchands de vin.

LA FAMILLE DES MÉDICIS

Cette famille a des origines obscures et incertaines; elle fit partie des guelfes de la faction noire dans la lutte entre les Cerchi et les Donati. Sa richesse et sa puissance augmentèrent grâce aux activités commerciales et bancaires, à tel point que les Médicis s'assurèrent la seigneurie de Florence presque sans interruption du 15e au 18e siècle. Notons seulement les membres le plus illustres de cette famille: Giovanni di Bicci, 1360-1429 il fut ambassadeur, gonfalonier ainsi que richissime banquier.
Cosme l'Ancien, 1389-1464, fils de Giovanni, il fut le premier seigneur de Florence, même sans titre formel.
Pierre le Goutteux, 1416-1469, fut peut-être le moins prestigieux des

LES ARTS MINEURS

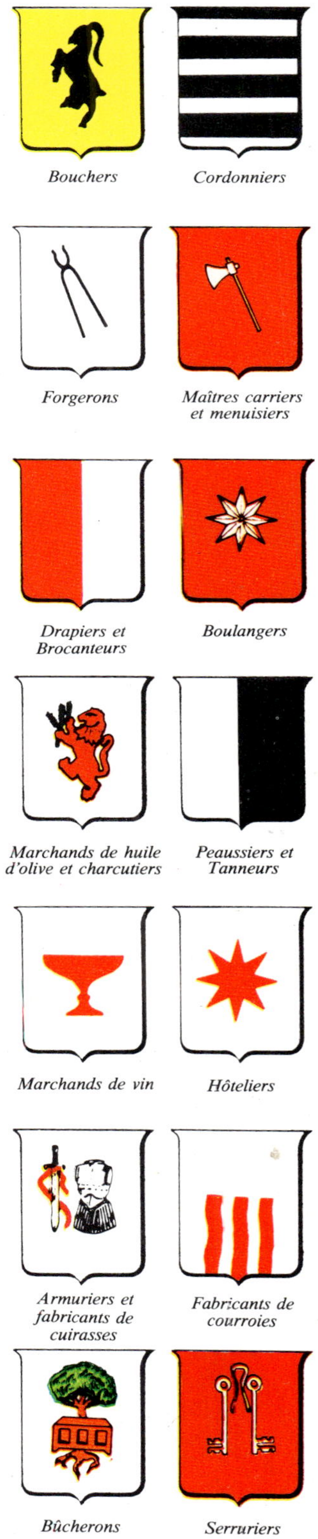

LES ARTS MAJEURS

Juges et Notaires — *Marchands* — *L'Art du Change* — *L'Art de la Laine* — *Pôr Santa Maria ou de la Soie* — *Médecins et Apothicaires* — *Potiers et Fourreurs*

Médicis. Mauvais homme politique, il dut faire face à une conjuration conduite par les familles Pitti et Acciaioli. Il eut deux fils, Julien, 1453-1478, qui fut assassiné durant la conjuration des Pazzi, et Laurent le Magnifique, 1449-1492.
Julien avait un fils naturel, Jules 1478-1534, qui fut gouverneur de Florence de 1519 à 1523 et fut ensuite élu pape sous le nom de Clément VII. Laurent eut plusieurs fils: Pierre, 1472-1503, qui succéda à son père à la Seigneurie de Florence mais en fut chassé on 1494 pour n'avoir pas s'opposé aux prétentions de Charles VIII; Jean, qui devint le pape Léon X en 1513; Julien 1479-1516, qui réussit à rétablir la dynastie des Médicis à Florence. Homme d'une grande culture, il eut Politien pour maître, il fut l'ami de Castiglione, d'Arioste et de Léonard de Vinci. Le fils de Julien, Hippolyte, fut cardinal et il gouverna Florence au nom de son oncle, le pape Clément VII.
Lucrezia, qui épousa Jacopo Salviati, fut la mère de Marie. Celle-ci fut la femme de Giovanni dalle Bande Nere qui appartenait à la seconde branche de la famille des Médicis, les descendants de Laurent, frère de Cosme l'Ancien.
Le célèbre condottiere fut le père de Cosme Ier, 1519-1574, premier Grand-Duc de Florence et de la Toscane. Homme politique très avisé, il redonna à Florence la splendeur qu'elle avait connue sous Laurent le Magnifique, en étendant son pouvoir sur toute la Toscane. Ses fils François Ier et Ferdinand Ier lui succédèrent à la tête du Grand-Duché.
Du mariage de Ferdinand Ier avec Christine de Lorraine naquit Cosme IIe, 1590-1620, qui succéda à son père.
Ferdinand IIe, 1610-1670, qui occupa le trône du Grand-Duché à partir de 1621, était le fils de Cosme IIe, et de Marie-Madeleine d'Autriche.
Se succédèrent ensuite au Grand-Duché: Cosme IIIe, 1639-1723 et Gian Gastone qui fut le dernier représentant de la dynastie des Médicis à Florence.

L'ARTISTE ET LA SOCIÉTÉ DE LA RENAISSANCE

Au 15e siècle, après la crise de Florence sourvenue au milieu du siècle précédent et avec l'arrivée au pouvoir d'un groupe de familles aristocratiques, la figure de l'artiste acquiert elle aussi une nouvelle signification dans la société; de même l'artiste prête dans le monde entier sa contribution au mouvement des idées. Sa position professionnelle s'est modifiée: elle devient celle d'un spécialiste de haut niveau indépendant par rapport aux corporations moyennageuses et lié à celui qui lui passe des commandes par la confiance personnelle. Les artistes deviennent des spécialistes indépendants, qui vivent à l'écart de la communauté urbaine et qui sont en mesure de travailler partout où quelqu'un les appelle et les rétribue. En effet, la nouvelle culture artistique n'est plus florentine mais italienne et même universelle.
En architecture, une nouvelle méthode de travail est mise au point par Brunelleschi; il s'agit de définir à l'avance, à l'aide de dessins et de plans, la forme précise de l'oeuvre que l'on veut construire. On distingue ainsi deux phases de travail, le projet et la construction. L'architecte exécute un projet et n'a rien à voir avec le groupe des ouvriers et de leurs associations qui réalisent le travail. Brunelleschi a crée une architecture qui se base sur la raison.

LA FAMILLE DES PAZZI ET LA FAMEUSE CONJURATION CONTRE LES MÉDICIS

La famille des Pazzi était originaire de Fièsole. Installée à Florence durant les luttes des factions ennemies, elle se rangea du côté des Guelfes. Un de ses ancêtres prit part à la bataille de Montaperti.
Les Pazzi, qui s'étaient enrichis grâce au commerce, devinrent les ennemis irréductibles des Médicis. Cependant, comme ils ne réussissaient pas à l'emporter sur le plan économique ni sur le plan politique, ils finirent par monter le fameux complot dont le triste épilogue se déroula en 1478 dans l'église de Santa Maria del Fiore. Le jeune Julien de Médicis succomba au coup de poignard des conjurés, tandis que son frère Laurent (le Magnifique) réussit en se défendant avec courage, à échapper au piège et à la mort et à trouver refuge dans la sacristie grâce à l'aide de ses fidèles amis, et entre autres du poète Angelo Politien.
Contrairement à l'attente des Pazzi, le peuple prit le parti de Laurent et la ville assista durant les jours qui suivirent, au massacre de tous les membres de la famille des Pazzi, parmi lesquels se trouvaient Francesco, leurs chef, et Jacopo qui remplissait la charge de gonfalonier. Un autre des conjurés était l'archevêque de Pise, Francesco Salviati, qui fut pendu.
Le Pape Sixte IV qui avait implicitement soutenu la révolte des Pazzi contre les Médicis, jeta l'interdit contre Florence. Durant la guerre qui s'ensuivit, le Pape et le Roi de Naples se rangèrent contre Florence, Milan et Venise. La lutte prit fin en 1480, grâce à l'habilité diplomatique de Laurent.

LAURENT LE MAGNIFIQUE

Après s'être solidement assuré le pouvoir à Florence, Laurent le Magnifique exerça une politique habile et difficile en préservant l'équilibre des forces entre les nombreux états italiens pour mieux protéger l'Italie des ingérences étrangères. Sa diplomatie et le poids de son alliance, qu'il accordait tantôt à l'un tantôt à l'autre des Etats au gré de ses intérêts, permit à Laurent le Magnifique de maintenir jusque dans les moments les plus critiques cet équilibre.
Machiavel disait en effet de Lau-

Galerie des Offices. Giorgio Vasari, Portrait de Laurent le Magnifique

rent qu'il était *l'aiguille de la balance au milieu des Etats italiens.*
Ce ne fut pas seulement un homme politique mais aussi un homme de lettres et à sa cour, où régnaient la splendeur et la liberté, se rencontraient tous les artistes de son temps ainsi que tous les humanistes les plus éminents: Marsilio Ficino, Cristoforo Landino, Pic de la Mirandole, Bernardo Bembo et Pulci et Politien.

Palais de la Seigneurie. Santi di Tito, Portrait de Niccolò Machiavelli

LORENZINO TUA ALEXANDRE DE MÉDICIS

Lorenzino de Médicis était le fils de Pierfrancesco, de la branche cadette des Popolani et de Maria Soderini. Il passa sa jeunesse à Rome. De retour à Florence, il devint l'ami intime de son cousin Alexandre, Duc de Florence depuis 1532, avec lequel il s'entendait pour commettre des crimes et de mauvaises actions.
Lorsqu'Alexandre épousa Marguerite d'Autriche, la possibilité qu'il ait des descendants poussa Lorenzino au crime.
Sous prétexte d'un rendez-vous galant, il attira le Duc Alexandre dans une maison de Via Larga, où il le tua (6 janvier 1537).
Après son crime, il ne sut cependant pas profiter de la situation et, au lieu de revendiquer le Duché, il s'enfuit à Bologne, puis en France et en Turquie. S'étant établi secrètement à Venise, il fut découvert par les tueurs à gages envoyés par Cosme Ier et assassiné sur le Campo San Polo, alors qu'il sortait du palais de sa maîtresse.

BIANCA CAPPELLO QUI EPOUSA FRANCESCO I[e]

Sur la route qui conduit au Santo Spirito, nous passons devant l'habitation de Bianca Cappello. Elle avait fui sa maison de Venise à quinze ans en compagnie du jeune florentin Pietro Buonaventuri qui la conduisit à Florence chez son père. Lorsque Francesco de Médicis, le fils du Grand-Duc Cosmer I[e]la vit, il en tomba amoureux et il fit d'elle sa favorite officielle. Pendant ce temps Pietro se consolait de l'abandon de Bianca avec sa nouvelle maîtresse, Cassandra Ricci: tous deux furent assassinés en 1569 par des tuers qui avaient sans doute été engagés par la famille de la jeune fille, qui ne tolérait pas cette relation. Francesco qui entre temps était devenu Grand-Duc, était resté veuf à la suite de la mort de la Grande-Duchesse Jeanne d'Autriche. Deux mois plus tard il épousait Bianca Cappello. En 1587 Francesco et Bianca, en villégiature à Poggio a Caiano avec le frère de Francesco, le cardinal Ferdinando, tombèrent brusquement malade et moururent peu après en quelques heures. Ces deux morts simultanées firent penser à un empoisonnement et les soupçons se portèrent sur Ferdinando. Francesco I fut enseveli dans la tombe de famille des Médicis, tandis que sa femme fut mise dans une tombe commune, dans l'église de San Lorenzo. En effet, le successeur de Francesco, Ferdinando, avait ouvertement déclaré son hostilité pour la belle vénitienne qui avait par se fugues et ses aventures galantes, rempli la chronique de l'époque à Florence et à Venise.

COSME I

De 1537 jusqu'à sa mort en 1574 Cosme Ier gouverna Florence et la Toscane avec compétence et sévérité. Il se réserva tous les pouvoirs, en privant petit à petit les anciennes institutions républicaines. Il réussit à rétablir l'ordre intérieur et la justice. Il réduisit l'énorme puissance des grandes familles qui aurait pu constituer une menace, et pour ce faire il prêta son aide aux classes inférieures. Il développa le commerce et les échanges et créa une milice nationale toscane pour se débarrasser des milices de mercenaires, dans lesquelles il n'avait pas confiance et qu'il jugeait à juste titre peu sûres. Il réalisa un plan d'expansion pour toute la Toscane qui aboutit à la reddition de Sienne, en 1555. En 1569 il obtint de

Galerie Palatine. Angelo Allori dit Il Bronzino, Portrait de Cosme Ier

l'empereur le titre de grand-duc, qui fut par la suite confirmé par le Pape Pie V.

FERDINANDO I

Ferdinando Ier de Médicis renonça au titre de cardinal pour succéder à son frère Francesco Ier à la tête du Grand-Duché.
Il donna à Livourne un port franc et organisa une marine militaire aguerrie qui se battit contre les turcs à Famagouste en 1608 et à Bona l'année suivante.

Musée National ou du Bargello. Buste de Francesco Ier (médaille)

Musée National ou du Bargello. Buste de Cosimo IIe (Médaille)

COSME II

Cosme II essaya pendant longtemps de manœuvrer entre la France et l'Espagne, mais il fut contraint de participer à la guerre de Mantoue aux côtés de son neveu Ferdinand de Gonzague et des Espagnols.
A la suite de son mariage avec la fille de l'archiduc Charles d'Autriche, il était devenu le beau-frère du roi d'Espagne Philippe III et de l'Empereur Ferdinand II. C'est Cosme II qui fit venir Galilée de Padoue, en lui offrant à Florence la chaire de mathématiques et en lui donnant la possibilité de poursuivre ses recherches en toute tranquillité.

FERDINANDO II

Durant le règne de Ferdinand II, la peste et la famine dévastèrent toute la region. Ferdinand n'eut pas l'énergie nécessaire pour faire face à ces catastrophes et réorganiser le pays, si bien que toute l'économie en souffrit et fut lente à reprendre. Ferdinando livra Galilée au Tribunal de l'Inquisition et essaya par la suite de le défendre durant le procès. Galilée donna aux satellites de Jupiter qu'il avait découverts le nom de *Stelle Medicee*. Ferdinando II encouragea toujours les sciences: c'est sous sa protection que fut fondée à Florence l'Académie del Cimento pour la recherche scientifique et physique expérimentale. Le cardinal Leopolde de Médicis et le grand physicien Evangelista Torricelli avaient également contribué à la fondation de cette Académie.

L'EXPLOSION DU CHAR

Prenons, dans la chronique de l'époque, le retour de la croisade, en 1099, de Pazzino dei Pazzi qui rapporte les trois pierres du Saint Sépulcre. Nous voyons la procession qui va à sa rencontre et la déposition des pierres dans l'église. On organise sur le champ une fête en l'honneur de la précieuse relique et on décide entre autres que le Samedi Saint on utilisera ces pierres pour en faire jaillir l'étincelle qui servira à allumer les feux dans les maisons de la ville.
Cet îlot de paix entre la basilique et le baptistère a vu se succéder nombre d'événements et c'est là qu'on fait encore exploser les pièces d'artifice montées sur le char qui sert en réalité, suivant une tradition romaine, à fêter l'arrivée du printemps.
Les Florentins savaient tirer de bons ou de mauvais augures pour leur récoltes en interprétant la façon dont la *colombina* - la fusée - glissait sans encombre sur le fil tendu de l'autel jusqu'au char. Cette fête d'origine religieuse, devint la fête de l'explosion du char, qui a lieu régulièrement tous les Samedis Saints.

VIA MAGGIO ITINÉRAIRE OFFICIEL DES CORTÉGES, DES PROCESSIONS ET DES PARADES MILITAIRES.

Via Maggio veut dire *Via maggiore*, grande rue, pour souligner la largeur exceptionnelle de cette rue de Florence, le long de laquelle se déroulaient les cortèges, les processions, les parades militaires et les fêtes masquées de Carnaval avec leurs chars allégoriques. C'est dans cette rue qu'eurent lieu les fêtes les plus importantes, les commémorations, les réceptions officielles, les mariages et les funérailles solennelles. C'est là aussi que se déroulèrent les combats sportifs comme les batailles des sages et les parties de ballon. Les Florentins participaient nombreux à ces manifestations en prenant part aux défilés ou comme spectateurs. Les façades des palais et des églises étaient somptueusement décorées, des fleurs et des fruits étaient disposés en guirlandes et l'on passait sous de grands arcs de triomphe. La fête durait jour et nuit, à la lumière de milliers de flambeaux et de lanternes. Peintres, sculpteurs, architectes, décorateurs, étaient appelés à participer à la réalisation de ces fastueuses mises en scène imaginées par les Historiens, les gens de lettres et les courtisans. Les Florentins y trouvaient des moments de joie et de détente qui interrompaient leur vie souvent dure et agitée. Quant aux étrangers, ils étaient stupéfaits de la magnificence et de l'imagination débridée des habitants de cette ville.

Florence. Vue Panoramique avec la coupole de Brunelleschi

Place San Giovanni. L'Explosion du Char dans le jour du Samedi Saint. Le foule

CARTELLO PROVVISORIO
Self-Service
SANDWICHES BAR

Florence. Vue Panoramique, la nuit

Florence, Basilique de Santa Maria del Fiore Façade

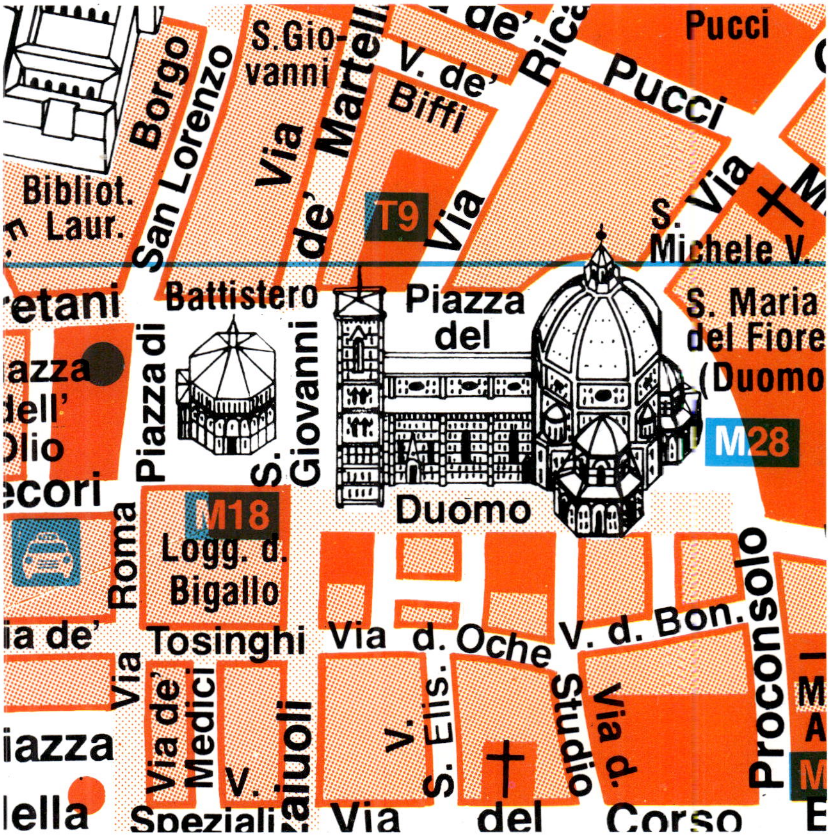

Place du Dôme - Place S.Giovanni - Loge du Bigallo - Place de la Repubblica ou Forum - Via Roma ou Decumanus - Via Del Corso au Cardo - Via Ricasoli vers Place S.Marco - Via dei Martelli pour Palais Médicis-Riccardi - Via del Proconsolo pour Place S.Firenze

La Piazza del Duomo et celle de San Giovanni qui la prolonge présentent deux des plus célèbres monuments de la ville, le Baptistère et elle ne s'acheva qu'après plusieurs siècles de travail.
A mesure qu'il s'avance sur les deux places, le visiteur voit se présenter à lui le campanile et la masse du Dôme, avec les tribunes qui se développent jusqu'au tambour, la galerie que Baccio d'Agnolo laissa inachevée parce que Michel-Ange l'avait comparée à une *cage à grillons*, puis l'élégante coupole qui s'élance jusqu'à la lanterne.
Elle met le visiteur en contact avec des œuvres qui constituent l'une des deux orientations de l'architecture florentine et, à l'opposé, le Baptistère, le plus significatif des monuments romans de la ville. Dans le domaine de la sculpture, les panneaux du campanile, la porte du Paradis, les tribunes des chantres de Donatello et de Luca della Robbia, la Pietà de Michel-Ange sont des œuvres essentielles pour la connaissance du milieu historique et social qui les vit naître.

Plan de Santa Maria del Fiore. 1) Andrea del Castagno, Statue équestre de Niccolò da Tolentino 2) Paolo Uccello, Monument équestre de Giovanni Acuto 3) Benedetto da Maiano, Crucifix 4) Giorgio Vasari, Jugement Dernier 5) Chapelle de St-Zanobi. Lorenzo Ghiberti, Décoration 6) Nouvelle Sacristie 7) Sacristie des Chanoines 8) Entrée au Clocher

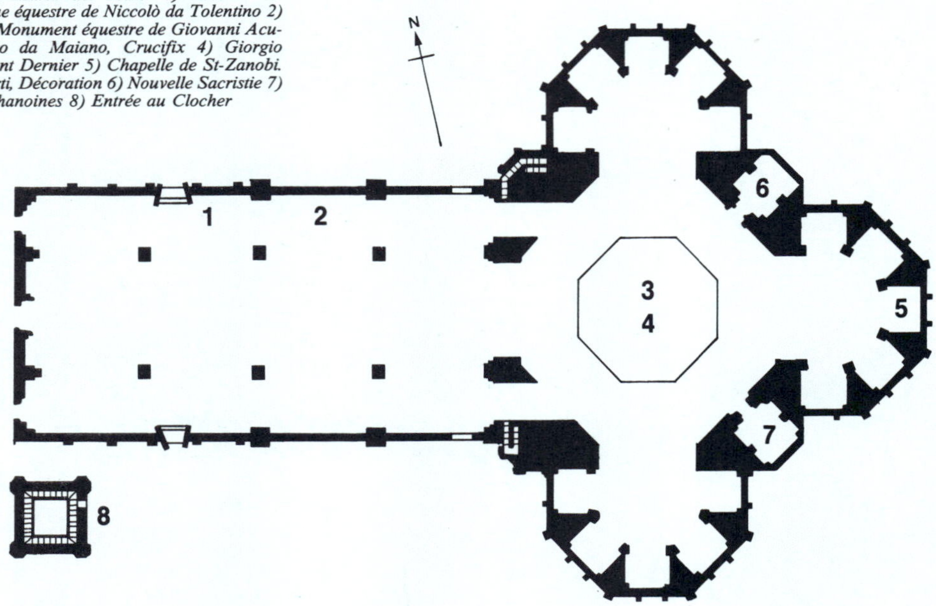

Florence, Basilique de Santa Maria del Fiore. Intérieur

LE DOME SAINTE MARIE DES FLEURS

Vers la fin du 13e siècle, alors que la ville connait désormais une certaine aisance, le gouvernement charge Arnolfo di Cambio de construire sur l'emplacement de Sainte-Réparate *une église semblable à l'âme de la noble cité qui est constituée par les âmes de tous les citoyens.* Arnolfo meurt sept ans plus tard. Le chantier est alors confié à Giotto, puis à Talenti et à d'autres, avant de passer à Brunelleschi.
La basilique de Santa Maria del Fiore tire son nom du lys, emblême de Florence. Sa construction se prolonge sur une longue période: c'est pourquoi elle possède un plan roman sur lequel sont venus se greffer de nombreux éléments gothiques. La façade restée inachevée, fut terminée en 1887. L'intérieur, à trois nefs, sur piliers et arcs ogivaux, s'éclaire par de grandes baies et par des ouvertures dans le tam-

bour avec vitraux dessinés respectivement par Ghiberti, Donatello, Paolo Uccello.
Les œuvres qui décorent l'extérieur et l'intérieur de la basilique datent pour la plupart de la première partie du 15e siècles et témoignent des conquêtes de cette brillante période dans le domaine de l'art. En 1456, sous Cosme, Andrea del Castagno peint à fresques sur le mur de la troisième travée de gauche, la statue équestre du condottiere Nicolò da Tolentino. L'œuvre révèle également la tentative de transposer la peinture dans le domaine de la sculpture, qui, à cette époque, représente l'art par excellence. Cette volonté apparait évidente dans le second monument équestre dédié à Giovanni Acuto (John Hawkwood), peint à fresque en 1436 par Paolo Uccello et transposé sur toile par la suite.

LA COUPOLE DE BRUNELLESCHI

Le peuple et le gouvernement manifestaient un grand intérêt pour le Dôme de Santa Maria del Fiore. Ils voulurent que cette église fût la plus imposante, la plus vaste et la plus belle de toutes les cathédrales italiennes et, en particulier, qu'elle surpassât celle de Pise. Mais cet orgueil devait conduire à une impasse architecturale dont on ne se tira que grâce au génie de Brunelleschi. La gloire de l'artiste résulte, à juste titre, de la solution d'un problème sur lequel ses prédécesseurs et ses contemporains avaient buté, concernant la coupole de la cathédrale.
La connaissance de la tradition gothique et l'étude des méthodes de construction romaines amenèrent Brunelleschi à concevoir une structure que la technique habituelle ne pouvait imaginer.
Après l'édification du bras long de la croix, l'espace se trouvait circonscrit à un vaste octogone assurant cinquante-deux mètres de diamètre. En 1410 la construction d'un tambour, décidée un peu nerveusement, aggrava la situation en élevant jusqu'à cinquante-six mètres la hauteur de l'édifice. Brunelleschi ne perdit pas espoir, et, grâce aux études qu'il avait faites à Rome, il trouva la solution. Par rapport à la coupole du Panthéon de Rome, celle de la cathédrale de Florence reposait sur des bases beaucoup plus fragiles et puis il était impossible de trouver des fûts d'arbres assez longs pour établir les boisages. En combinant de façon originale les méthodes de construction et les principes esthétiques anciens et modernes, Brunelleschi adopta l'appareil gothique à pendentifs, comme élément portant, en raison de sa poussée latérale plus faible et il choisit le système de construction sans échafaudage, avec la superposition de cercles concentriques d'un diamètre de plus en plus restreint. En outre le procédé de la double coque allégea beaucoup l'ensemble de la structure. Commencée en 1420, la construction de la coupole ne prit fin qu'en 1436.

En s'approchant du chœur réalisé par Baccio Bandinelli en 1555, on remarquera le sombre Crucifix en bronze de Benedetto da Maiano, qui date des dernières années du 15e siècle. On jettera un regard vers le haut, pour voir, à l'intérieur de la coupole, les gigantesques et roses personnages qui peuplent le Juge-

Florence. Basilique de Santa Maria del Fiore. Coupole de Brunelleschi

ment Dernier, fresque de Vasari. On se dirigera vers la troisième chapelle de droite de la tribune centrale où se trouve l'urne reliquaire de St.-Zanobi. Les décorations qui narrent les épisodes les plus marquants de sa vie ont été exécutées de 1432 à 1442 par Ghiberti.

LE CAMPANILE DE GIOTTO

Cet édifice, dont la hauteur atteint 82 m., fut construit de 1334 à 1359 par Giotto, Andrea Pisano et Francesco Talenti. Son unité reflète l'équilibre réalisé entre les éléments gothiques aux effets résolument décoratifs et la logique architecturale du plan. Au soubassement d'une solide massivité se superpose le premier étage, dont les niches et les rectangles accentuent l'élan vertical. Les autres étages doivent leur légèreté aux belles fenêtres dont les frêles colonnes agrandissent l'espace et aux arcs gothiques qui les animent. Au sommet une corniche brise le verticalisme et neutralise sa tension, replaçant tous les éléments de la construction sur un plan purement géométrique.
Le campanile s'orne d'une gamme de marbres précieux qui lui donnent l'air d'une fleur. Les bas-reliefs originaux du soubassement sont maintenant exposés dans une salle du Musée de l'Opera. Cette mesure, prise pour les soustraire à tous les affronts et injures du temps, permet au visiteur de les admirer dans les meilleurs conditions.

Florence. Panorama avec la Basilique de Santa Maria del Fiore et le Clocher de Giotto

Clocher de Giotto

Florence. Place San Giovanni. Baptistère et l'Église de Santa Maria del Fiore

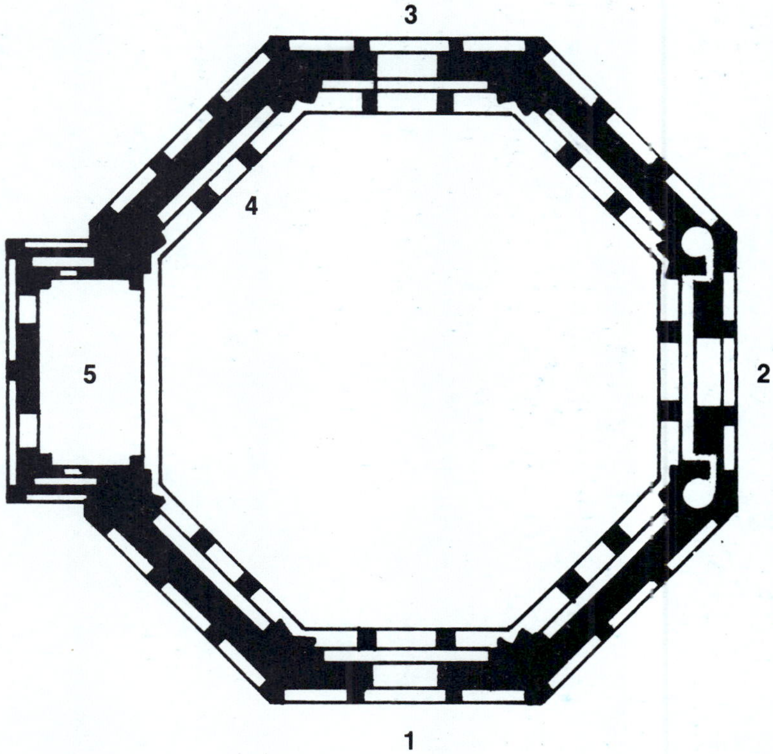

Plan du Baptistère. 1) Entrée ou Porte Sud 2) Porte Est ou Porte du Paradis 3) Porte Nord 4) Tombeau de l'Anti-pape Jean XXIII 5) Tribune

Son histoire et sa valeur artistique font du Baptistère, appelé autrefois Basilique St. Jean, un des monuments les plus importants de la ville. A l'intérieur se déroulaient les cérémonies les plus solennelles de Florence, la fête de St.-Jean, patron de la ville, le baptême des nouveaux-nés, la réception des Ambassadeurs auprès de la Seigneurie. Pour l'occasion, les villes et les places fortes vassales envoyaient des bannières dont on tapissait les murs et qui symbolisaient l'autorité et la puissance de l'Etat. Ainsi le temple dédié à St.-Jean servait-il également à des fins politiques.

La construction elle-même par son plan octogonal, ses portes orientées vers les points cardinaux, sont toit en forme de tente constitue le monument le plus original de Florence. On a dit que la disposition de ses portes correspondait exactement au plan du castrum romain et on a fait remonter à cette époque la première construction destinée au prétoire ou à un temple de Mars. Cette thèse s'appuie sur la tradition qui met en rapport Mars, le dieu de la guerre, avec St.-Jean et elle trouverait confirmation dans les fouilles archéologiques qui ont exhumé de beaux pavements. Dans sa forme actuelle, l'édifice remonte au 11ᵉ s. Sans doute, la construction actuelle se superposa à un temple préexistant qu'elle engloba. Elle est de plan octogonal, avec une suite de pilastres à deux étages soutenant l'entablement et les arcades du haut. La coupole est dissimulée extérieurement par un attique du 13ᵉ s. et par un toit pyramidal. Les façades sont entièrement revêtues de plaques de marbre blanc et vert

Florence. Baptistère. Décoration du plafond en mosaï-que
Florence. Baptistère, Intérieur

qui créent une élégante et vive bichromie.
Les Florentins portèrent toujours beaucoup d'amour au Baptistère de saint Jean. Dante le cite plusieurs fois.

Parmi les œuvres que l'art et la tradition nous ont transmises, citons l'ensemble des mosaïques, le tombeau de Jean XXIII, les restes du pavement. Les mosaïques, réalisées par des maîtres anonymes deu 13e siècle, représentent le *Jugement Dernier:* au centre l'extraordinaire tête du Christ, et, sur le mur opposé, des motifs décoratifs, des épisodes de la Création, des épisedes de la vie de Joseph, du Christ et de St-Jean-Baptiste disposée en zones concentriques horizontales. Du point du vue purement stylistique on note des influences romaines, byzantino-vénitiennes et, dans les parties les plus tardives, la main de maîtres florentins. Le tombeau de l'anti-pape Jean XXIII placé à droite près de l'atuel, fut commandé à Michelozzo et à Donatello par Cosme le Vieux.

Baptistère, Porte du Paradis. Lorenzo Ghiberti, Autoportrait

PORTE DU PARADIS

Lorsque l'on parle des portes du baptistère, c'est le nom de Lorenzo Ghiberti qui vient à l'esprit, au détriment de celui d'Andrea Pisano qui acheva en 1330 la décoration de la porte d'entrée, la porte sud, où il représente des scènes de la vie de St-Jean-Baptiste et les allégories des *Vertus*.
Le nom de Lorenzo Ghiberti jouit d'une renommée bien méritée de toute façon, aussi bien parce qu'il gagna le concours organisé par le gouvernement de la ville auquel les plus célèbres sculpteurs de l'époque avaient participé, qu'à cause de l'enthousiasme que cela avait suscité dans la population et pour la collaboration d'excellents sculpteurs avec l'aide desquels l'artiste avait réalisé son œuvre. Son mérite tient surtout à l'esprit d'humanité qui le poussait à détruire un travail déjà terminé pour aboutir à un résultat meilleur.
Le sculpteur s'affaira à la porte nord de 1403-24; ses concitoyens, qui en apprécièrent aussitôt la beauté, lui confient la réalisation de l'autre porte sans l'obliger à un concours. Cette porte, de l'est, qui donne vers la basilique, l'occupe de 1425-52. Le sculpteur passa donc sa vie à décorer les plus célèbres portes du monde. Il orne la porte nord avec de scènes du Nouveau Testament et avec de figures des évangélistes et des docteurs de l'église romaine. Celle de l'est il la décore de scènes de l'Ancien Testament, de figures de Prophètes et de Sibylles, de portraits d'artistes contemporains.
Dans les dix panneaux où la fraîcheur de la composition s'allie à la perfection des figures, les effets d'atmosphère et de lumière à la profondeur des plans, où l'architecture et les paysages s'unissent pour créer les espaces. La porte est du baptistère est considérée une œuvre d'art très noble. Si l'on regarde d'en haut la seconde rangée du battant de gauche, on verra dans le quatrième portrait un homme, chauve, âgé d'une soixantaine d'années: c'est Lorenzo Ghiberti tel qu'il était sans orgueil ni fausse pudeur. Depuis ce temps que de gens ont admiré ce chef-d'œuvre! Michel-Ange qui s'exclama *Cette porte est digne d'ouvrir le Paradis*. Le nom lui resta et on continue d'admirer la *Porte du Paradis*.

Lorenzo Ghiberti, Porte du Paradis

Histoires de Adam et Eve 1
Histoires de Caïn et Abel 2
Histoires de Noé 3
Histoires de Abraham et Isaac 4
Histoires Jacob et Esaü 5

Lorenzo Ghiberti, Porte du Paradis

Histoires de Joseph 6
Histoires de Moïse 7
Histoires de Josué 8
Histoires de Saül et David 9
Histoires de Salomon et de la Reine de Saba 10

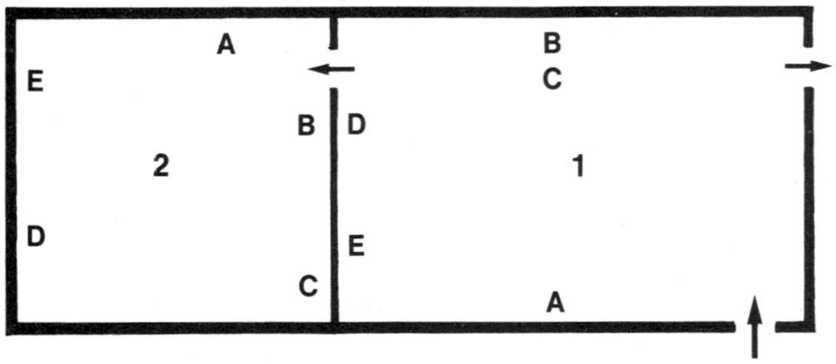

Plan du Musée de l'Opera du Dôme. Premier Étage. 1) Salle 1 A- Tribune de Luca della Robbia B- Tribune de Donatello C- Statue de La Madeleine de Donatello D- Statue de Jérémie de Donatello E- Statue de Abacuc de Donatello 2) Salle 2 A- La Peinture B- Le Labourage C- La Navigation D- La Chasse E- Noé

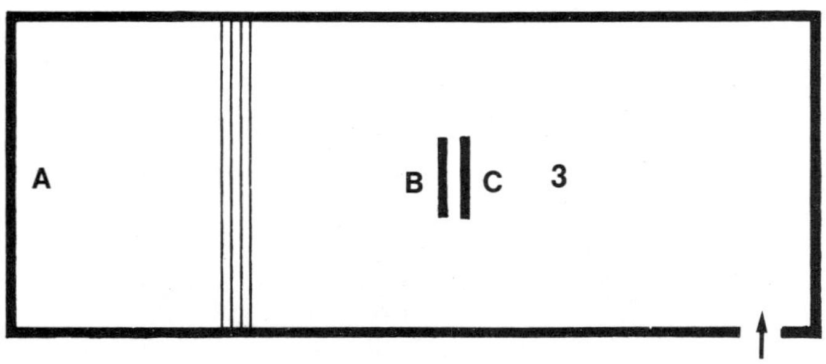

Plan du Musée de L'Opera du Dôme. Premier Étage. 3) Salle 3 A- Autel St-Jean B- Panneau de la Porte du Paradis de Lorenzo Ghiberti C- Panneau de la Porte du Paradis de Lorenzo Ghiberti

MUSÉE DELL'OPERA

On y accède par le n.9 de la piazza Duomo, et il renferme des œuvres qui se trouvaient autrefois au baptistère, au dôme et sur le campanile. Aprèsl'entrée on passe dans la grande salle où plusieurs statues sont disposées contre les parois. La statue de Boniface VIII et la *Vierge à l'enfant* révèlent la force de leur auteur, Arnolfo di Cambio, le plus célèbre des architectes-sculpteurs florentins dans la seconde moitié du 13e siècle. On peut y admirer Donatello, créateur de la ronde-bosse et qui, par l'expression des sentiments humains, renouvela la statuaire du 15e siècle. Il est représenté par un St-Jean. Les œuvres les plus intéressantes sont au premier étage. Mais tout d'abord du palier à mi-chemin entre le rez-de-chaussée et le premier étage on voit dans la pièce contiguë le groupe, en marbre, de la Pietà de Michel-Ange.

Pietà de Michel-Ange. Cette œuvre très célèbre fut réalisée par le maître en 1550 pour son propre tombeau. Michel-Ange s'y montre sous les traits de Nicodème, le visage a demi-caché par les replis de son grand capuchon et qui soutient le corps du Christ. Il est vieux. Les tribulations de l'existence l'ont contraint à endurer de lourds sacrifices pour défendre l'idéal de *la beauté physique pure, comme manifestation de l'âme divine*. Il est las et désanchanté. Lui qui a compté parmi les personnalités les plus marquantes au cours d'une des époques les plus brillantes de l'humanité, lui qui a vu tant de vies se briser prématurément, comme celle de Raphaël, il s'aperçoit de la décadence générale de l'art et aspire à se réfugier auprès de Dieu. Il se montre à nous alors qu'il soutient le corps du Fils prêt à tomber. En participant totalement à cet acte, en s'abandonnant entierement à la pitié, il semble vouloir montrer l'ingratitude des hommes sans respect pour l'idéal. A ses côtés, la Mère, au visage défait par la douleur, et la Madeleine participent à cette scène funèbre. La lumière qui fait jaillir les contrastes, unit les personnages dans l'acceptation de la plus douloureuse des tragédies humaines.

Tribunes de Donatello et de Luca della Robbia. On entre après dans la grande salle au premier étage. Aux murs sont fixées la Tribune de Donatello, et celle de Luca della Robbia. Les deux artistes, profondément opposés par le tempérament, ont traité le même sujet avec une sensibilité également raffinée. Donatello place sa composition sous le signe du mouvement que provoquent la musique et le chant. Les effets changeants de lumière accentuent le mouvement qui atteint à la frénésie d'une danse bachique. A l'inverse, Luca della Robbia tire son inspiration d'un psaume et il l'exprime dans l'esprit religieux le plus pur. Les corps des jeunes gens et des vierges présentent une attitude de parfaite sérénité, tandis-qu'ils vibrent intensement. L'artiste a voulu les traiter séparément, un par un, avec amour. Leur facture est infiniment gracieuse et délicate. Le chant est saisi dans l'expressivité des visages que diversifie chaque pose, et soudain, l'harmonie du détail et de

Musée de l'Opera du Dôme Entresol. Michel-Ange, Pietà

Musée de l'Opera du Dôme, Premier Étage. Luca della Robbia, Tribune (dét.)

l'ensemble semble se fondre avec celle de la musique pour susciter la plus vive émotion. On voit aussi les copies des panneaux.
On a rangé aux parois quelques statues trèsintéressantes, desquelles nous rappelons, de Donatello, un *Jérémie*, dit le *Popolano*, dont le regard semble perdu dans l'espace, et *Abacuc*, dit le *Zuccone*,tout vibrant de vie intérieure.
Panneaux du Campanile. Aux murs de la salle voisine sont fixés les panneaux qui ornaient autrefois le campanile. Des personnages symboliques ou des scènes y représentent la Création d'Adam et d'Eve, les Travaux des champs et les Métiers. On remarquera particulièrement: la *Vendange*,le *Labourage*, la *Navigation*. Tous les détails de la composition s'y harmonisent avec tant de naturel que chaque épisode particulier prend la valeur d'un symbole. Certains sont dûs à Andrea Pisano, d'autres ont été réalisés sur dessins de Giotto, et d'autres encore sont l'œuvre de nombreux artistes qui, depuis Andrea Orcagna jusqu'à Luca della Robbia, ont travaillé à cet ensemble pendant une période de deux cents ans.
Dans la salle, située à l'autre extrémité, ont été rangés des tableaux et le célèbre bas-relief d'argent connu sous le nom de *Autel St-Jean.* C'est une pièce d'orfèvrerie à laquelle collaborèrent Andrea del Verrocchio, Antonio Pollaiolo, Michelozzo. A ce moment-là on a placé dans la salle des panneaux de la Porte du Paradis du Baptistère.

Musée de l'Opera du Dôme, Premier Étage, bas-relief du campanile. Noè ivre - la peinture - la chasse - l'agriculture

Florence. Place de la Seigneurie

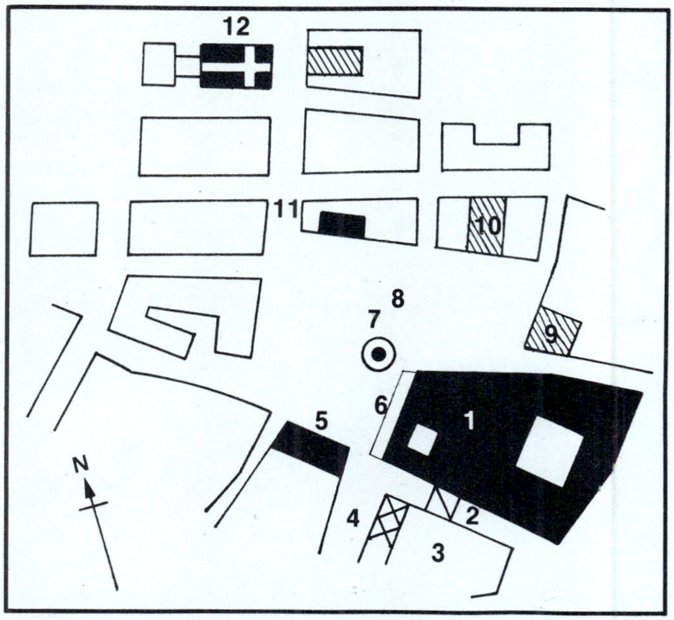

Plan de la Place de la Signoria 1) Palais de la Signoria 2) Via della Ninna 3) Palais des Offices 4) Cour des Offices 5) Loge de la Signoria 6) Arringhiera 7) Fontaine de la Place 8) Monument équestre de Cosme Ier 9) Tribunal des Marchands 10) Palais Uguccioni 11) Via dei Calzaioli 12) Orsanmichele

PLACE DE LA SEIGNEURIE

Le centre politique de Florence se trouve Piazza della Signoria. C'est là que se dressaient, avant d'être rasées, les maisons-tours du gibelin Farinata degli Uberti, qui s'opposa à la destruction de la ville après la victoire de son parti sur les guelfes. Dante rappelle cet épisode dans un chant de l'*Enfer* où Farinata se trouve placé dans le cercle des hérétiques.
La place c'est l'endroit le plus intéressant de la ville car il est dominé par le palais où se sont déroulées les luttes séculaires pour l'accès au pouvoir et d'où sont sorties toutes les décisions politiques. En forme de "L", elle est limitée par le Palais et la Loge, le Tribunal des Marchands, de la moitié du 14e siècle et par le palais Uguccioni.
Du temps de Cosme Ier, on eut l'idée de transformer l'ensemble de la place et Michel-Ange avait conseillé de l'entourer d'une suite d'arcades, à l'imitation de la Loggia dei Priori: mais le projet ne fut pas réalisé en raison des frais.

LA FONTAINE DE NEPTUNE

A gauche du Palazzo Vecchio, Bartolomeo Ammannati construisit la Fontaine de Neptune (1560-1575). La statue en marbre de la divinité est entourée de nombreuses représentations allégoriques.
La fontaine de la place est une œuvre en style maniériste comme

le révèlent les matériaux employés: marbre et bronze, le mouvement et les poses des personnages et sa composition générale. La statue centrale, le Neptune, ressort si gauchement qu'il a mérité son surnom de *biancone* (le gros blanc).

COSME Ier GRAND-DUC DE TOSCANE

Parmi les sculptures, la statue de Cosme, premier duc de Toscane (1537-1574) est la plus intéressante du point de vue artistique. Jean Bologne qui la fit fondre en 1594, nous a laissé du prince un bon portrait, à la manière flamande, tandis que son cheval n'est peut-être pas de proportions très heureuses. Les scènes sculptées sur le piédestal représentent les épisodes marquants de la vie du prince.

LES STATUES DEVANT LE PALAZZO VECCHIO

Au cours des cérémonies, les membres de la Seigneurie prenaient place sur une estrade appelée l'Arringhiera où l'on a placé de nos jours quelques sculptures. La première de ces statues qu'on y disposa fut le Marzocco, lion assis, symbole de la force de Florence, dont les ennemis étaient contraints d'embrasser les cuisses en signe d'humiliation. Au 15e siècle (1460) appartient le groupe de Judith et Holopherne, bronze de Donatello.
La sculpteur l'avait réalisé uniquement pour en décorer une fontaine du palais Médicis. Il fut transporté sur la place, en 1493, et l'on y grava un avertissement aux tyrans qui dut paraître passablement ironique pendant les siècles du Grand duché.
Quand à la copie du David, elle nous rappelle l'impression de stupeur que suscita chez les Florentins la statue originale, lorsque Michel-Ange la sculpta en 1504. Cette œuvre se trouve actuellement à l'Académie.

LA LOGE DE LA SEIGNEURIE

A droite, s'élève la Loggia dei Priori ou della Signoria dont les plans seraient d'Orcagna.
L'édifice, terminé en 1382, a été réalisé dans une période de transition du style Gothique au style Renaissance.
A l'art gothique appartiennent les pilastres et les nervures, les vertus et les encadrements ciselés des panneaux qui les entourent; à la Renaissance appartiennent les arcs en plein cintre, le sens de l'espace, le fond d'émail bleu des panneaux. Ces loggias étaient nombreuses à Florence aux 14e et 15e siècles mais rares sont celles qui ont resisté à l'usure des temps.
La loggia est une construction civile privée que possédait chaque famille noble à proximité de son habitation; c'est là que les nobles assistaient au combats à cheval, aux jeux et aux danses qui se déroulaient sur de vastes esplanades. Les clients de la famille se réunissaient à l'abri de la loggia sur les bancs en bois ou en pierre où avaient également lieu les conseils de famille et où l'on combinait les mariages. A l'occasion des naissances et des mariages et même de cérémonies funèbres on tenait des festins auxquels assistait la population du quartier qui recevait à manger et à boire.
La loggia dei Priori aussi était réservée à la Seigneurie pendant les manifestations publiques.
Plus tard elle servit à abriter le corps de garde ducal, formé de lansquenets, d'où le nom de Loggia dei Lanzi.

Place de la Seigneurie. Loge de la Seigneurie

LES STATUES DE LA LOGE

Sous les trois vastes arcades sont de nombreuses statues et parmi elle le *Persée*, chef-oeuvre de Benvenuto Cellini (1554) et l'*Enlèvement des Sabines* de Jean Bologne.

Loge de la Seigneurie. Intérieur

Loge de la Seigneurie. Jean Bologne, Enlèvement des Sabines

Palais de la Seigneurie. L'entrée principale

LE PERSÉE DE CELLINI

Le Persée fut fondu en bronze en 1553. Cellini, orfèvre avant tout, il en fait une pièce d'une souveraine élégance.
A propos de la statue de Persée on raconte que les gardes du Bargello avaient reçu l'ordre d'arrêter Benvenuto Cellini si sa fusion n'était pas réussie. C'était un ordre de Cosme Ier auquel on avait dit que l'artiste avait acheté beaucoup de cuivre et peu d'étain. Après avoir fait un feu si grand qu'il incendia le toit de la forge, lorsqu'il s'aperçut qu'il avait mal calculé les proportions des métaux, Cellini modifia son alliage en y jetant tous les objets en étain et même en argent qu'il possédait.

Loge de la Seigneurie. Benvenuto Cellini, Statue de Persée avec la tête de la Méduse.

Florence. Vue panoramique avec la Tour du Palais de la Seigneurie

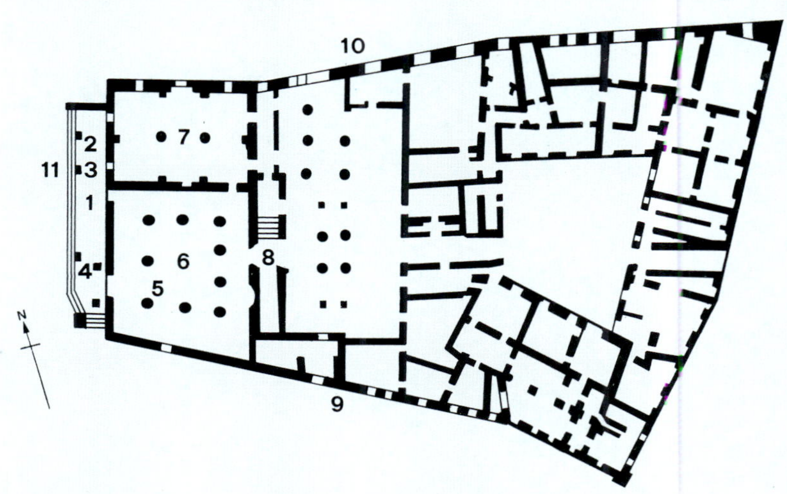

Plan du Palais de la Signoria. Rez-de-chaussée. 1) Arringhiera 2) Donatello, Le Marzocco 3) Donatello, Judith et Holopherne 4) Copie du David de Michel-Ange 5) Cour 6) Fontaine 7) Salle d'Armes 8) Grand Escalier 9) Via della Ninna 10) Via dei Gondi 11) Place de la Signoria

PALAZZO DE LA SEIGNEURIE

Palazzo Vecchio, considéré comme le Palais Vieux lorsqu'en 1559, Cosme Ier l'abandonna pour s'établir avec la Cour à Palais Pitti. Ce sévère édifice fortifié date de la fin du 13ᵉ s. En effet sa construction débuta en 1298, et, en 1314, elle n'était pas achevée. La tradition veut que l'architecte qui dirigea les travaux fût Arnolfo di Cambio. On eut ainsi un des exemples les plus typiques de bâtiment public italien. Sur un corps massif mais élégant se dresse, élancée, la tour crénelée dite Torre di Arnolfo, haute de 94 m.
Arnolfo a insufflé dans son œuvre l'esprit de la mission qu'il avait reçu de la Seigneurie: *"il devra construire une forteresse qui préserve le Conseil suprême des citoyens de leur turbulent esprit de faction".* Une fois terminé, le palais servit de résidence aux membres de la Seigneurie: le Gonfalonier et les Prieurs.
Le palais dresse vers le ciel la sévère succession de ses éléments architecturaux: corps, chemin de ronde, tour.
L'édifice fut agrandi au 16ᵉ s. successivement par Vasari et Buontalenti. Précédemment Michelozzo Michelozzi, architecte officiel de Cosme l'Ancien, avait rénové la cour à arcades, sous une forme nettement Renaissance, ainsi que le somptueux plafond de la Salle des Deux cents, aux caissons sculptés par Benedetto da Maiano. Cronaca construisit la grande Salle des Cinq cents, vers le milieu du 15ᵉ s. Ces deux grandes salles servaient aux réunions du Grand et du Petit Conseil de la République.

Les stucs revêtant les pilastres de la cour et les fresques qui décorent les murs datent de 1565, c'est-à-dire de l'époque maniériste, et les représentations des domaines de la maison d'Autriche étaient destinés à rendre moins triste le séjour florentin à Jeanne, la femme de François Ier. Par l'angle situé en diagonale par rapport à l'entrée, on accède à la salle d'armes, la seule du palais qui, avec ses pilastres et ses voûtes d'arête, subsiste de la construction primitive. En face de la porte d'entrée, dans la cour, se trouve le grand escalier.

La Salle des Cinq-Cents
Cette grande salle est une œuvre aux dimensions impressionantes (53 m. de long, 22 m. de large, 18 m. de haut). Elle a reçu bien des hommes célèbres et vu se dérouler bien des évènements historiques. La plus intéressante des œuvres d'art qui la décorent est certainement le Génie de la Victoire de Michel-Ange. Les peintures du plafond et des murs, aux teintes de brique et aux corps gigantesques, constituent un bon exemple de l'art ampoulé de Vasari. Les diverse scènes représentent un servile hommage aux Médicis. La visite de ces appartements montre les innombrables aspects de la civilisation et de la culture florentine au 16e s. Le *Studiolo* de François Ier et le *Tesoretto* de Cosme Ier sont deux jolies petites pièces ornées par Vasari pour servir de bureau et de cabinet aux deux princes. Les Appartements Monumentaux sont constitués d'une suite de salons dont le thème décoratif est en rapport avec les personnages principaux de la famille Médicis: Salle de Léon X, la Chapelle, Salle de Clément VII, de Jean des Bandes Noires, de Cosme l'Ancien, de Laurent le Magnifique, de Cosme Ier.
Les portraits des artistes et des poètes, des soldats et des commandants des places fortes, les vues de Florence et d'autres villes de Toscane en constituent le principal intérêt.

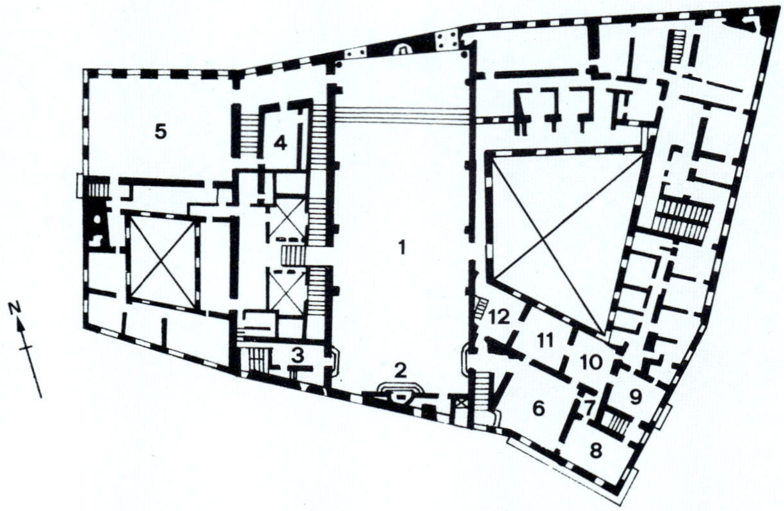

Plan du Palais de la Signoria. Premier Étage. 1) Salon dei Cinquecento 2) Michel-Ange, Génie de la Victoire 3) Cabinet de François Ier 4) Salle des Otto di Pratica 5) Salle des Duecento. Appartements d'Apparat 6) Salle de Léon X 7) Salle de Clément VII 9) Salle de Jean des Bandes Noires 10) Salle de Cosme le Vieux 11) Salle de Laurent le Magnifique 12) Salle de Cosme Ier

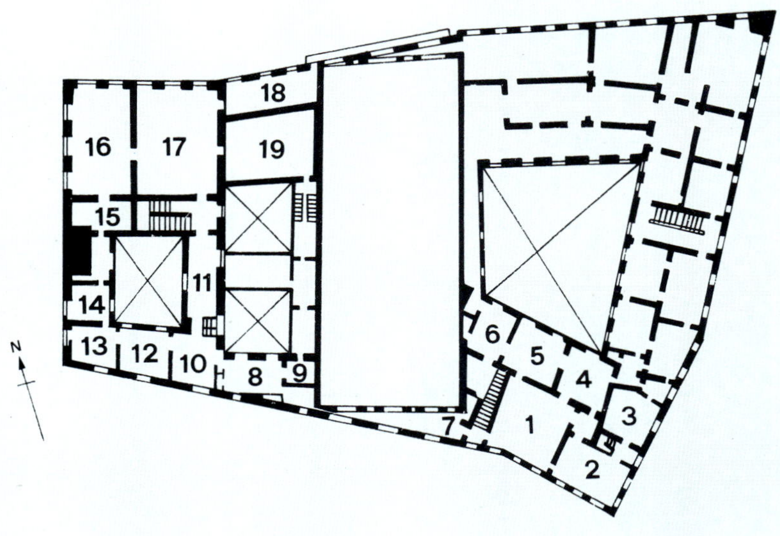

Plan du Palais de la Signoria. Deuxième Étage. Appartement des Elements 1) Salon de Saturne 2) Loge de Saturne 3) Salon d' Hercule 4) Salon de Jupiter 5) Salon de Cibèle ou Opis 6) Salon de Cérès 7) Galerie.
Appartement d'Eléonore de Tolède 8) Salon Vert 9) Chapelle d'Eléonore 10) Salon des Sabines 11) Passage 12) Salon d'Esther ou Salle à manger 13) Salon de Pénélope 14) Salon de Gualdrada 15) Chapelle de la Signoria 16) Salle de l'Audience 17) Salon des Lys 18) Chancellerie 19) Vestiaire

Au second étage se trouve l'Appartement des Eléments, aménagé par l'architecte Baptiste del Tasso pour Cosme Ier qui y logea à partir de 1540. Son nom est dû au décor que Vasari peignit dans la première pièce. En 1562, le même Vasari transforma l'ancien appartement des Prieurs pour le destiner à la duchesse Eléonore de Tolède.
Les pièces qui suivent sont les plus anciennes: sobres et sévères, elles nous font remonter à l'époque de Savonarole et de la République: Chapelle de la Seigneurie, Salle de l'Audience — plafond et frises sont des frères Da Maiano —, Salle des Lys, qui doit son nom au décor à fleurs de lys dorés sur champ d'azur. Le Secrétariat servit de bureau à Niccolò Machiavelli, tandis qu'à l'entresol fut logée la mère de Cosme Ier, Maria Salviati.
De cette dernière époque date l'ornementation dont le goût médiocre et ce qui reste de la décoration du 15e siècle nous font regretter que celle-ci ait disparu.
Puis on accède à la chancellerie et au vestiaire où sont exposées 53 cartes de géographie d'Egnazio Danti (1563) et de Stefano Bonsignori (1585). Le *Ballatoio*, c'est-à-dire le couronnement fortifié du palais est intéressant à visiter et permet l'accès à la tour.

Palais de la Seigneurie. Salle des Cinq-Cents

Palais de la Seigneurie, Salle des Cinq-Cents. Michel-Ange, Le Génie de la Victoire

Palais de la Seigneurie. Salle des Deux-Cents

Palais de la Seigneurie, Salle des Deux-Cents. Détail du plafond

Florence. Palais des Offices. Cour

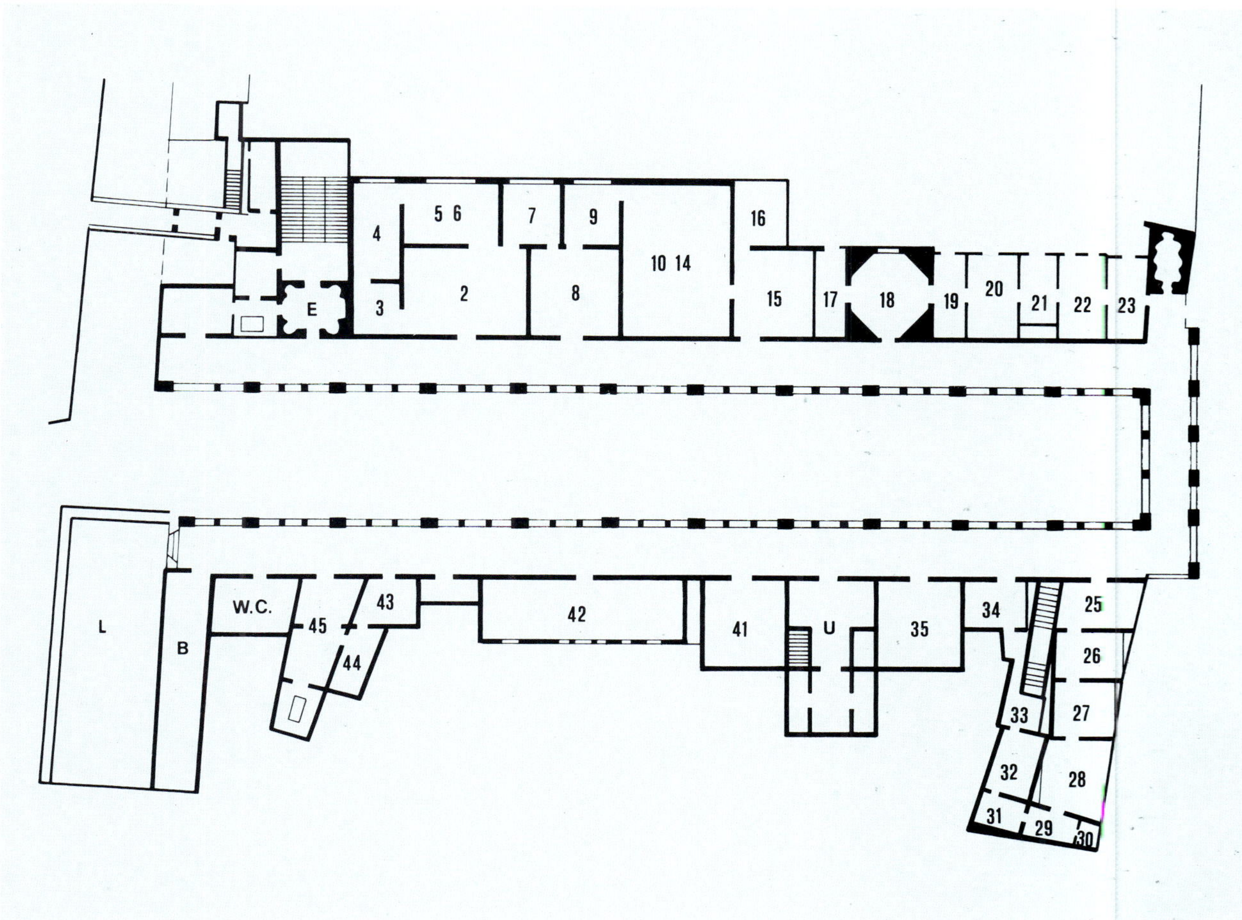

E, Entrée. U, Sortie. W.C., Toilette. B, Bar. L, Loge. 2) Salle du 13e siècle et de Giotto 3) Salle du 14e siècle siennois 4) Salle du 14e siècle florentin 5-6) Salle du Gothic fleuri 7) Salle du début du 15e siècle florentin 8) Salle de Filippo Lippi 9) Salle de Antonio Pollaiolo 10-14) Salle de Botticelli 17) Salle de Léonard 16) Salle des Cartes géographiques Salle 17 de l'Ermafrodite 18) Tribune 19) Salle du Pérugin et de Signorelli 20) Salle de Dürer et des Allemands 21) Salle de Giambellino et de Giorgione 22) Salle des Flamands et des Allemands 23) Salle du Corrège 25) Salle de Michel-Ange et des Florentins 26) Salle de Raphaël et Andrea del Sarto 27) Salle de Pontormo et Rosso Fiorentino 28) Salle du Titien 29) Salle du Parmesan 30) Salle des Emiliani 31) Salle de Dosso 32) Salle de Sebastiano del Piombo 33) Corridor du 16e siècle 34) Salle de Véronèse 35) Salle du Tintoret et de Baroche 41) Salle de Rubens 42) Salle de la Niobe 43) Salle du Caravage 44) Salle de Rembrandt et des Flamands 45) Salle du 18e siècle

PALAIS DES UFFIZI

Nous sommes en 1560. Cosme Ier, âgé de 43 ans, a obtenu l'équilibre politique en écrasant l'opposition, en annexant Sienne et la Toscane, en régnant par la terreur. Les immenses richesses que sa femme, Eléonore de Tolède, lui a portées en dot lui ont permis d'entretenir une armée, et ses hautes relations de parenté, qui l'ont introduit dans les cours le plus puissantes d'Europe, renforcent son prestige de souverain. Mais la lâcheté du tyran se manifeste jusque dans sa vie familiale où il se laisse aller à la violence: on l'accusera même, mais à tort, d'avoir tué sa femme et deux enfants. Il regroupe toute l'administration à Florence, sa capitale, dans le palais des Offices, d'où le nom au palais, qu'il relie à sa résidence privée du palais Pitti, et au siège du gouvernement, palais de la Signoria. Le palais des Offices se développe sur deux ailes parallèles, l'une qui part de via della Ninna, l'autre de la Loge de la Signoria, pour rejoindre toutes les deux le quai de l'Arno. Une troisième aile les relie de ce côté-là. Cette aile-ci s'ouvre par un arc monumental et des portiques qui laissent pénétrer l'air et la lumière dans la cour en brisant de cette façon-là, la monotonie des deux longues façades du palais.

LA GALERIE DES OFFICES

La valeur des chefs-d'œuvre qu'elle contient et la célébrité de leurs auteurs font du Musée des Offices le plus important d'Italie et un des plus complets du monde. Il est installé au troisième étage, dans une série de salles qui s'ouvrent sur la Galerie de Buontalenti et renferme des œuvres qui vont des Primitifs du 13e siècle au Paysagistes du 18e.

La collection des Offices tire son origine du merveilleux essor artistique du 15e siècle et doit sa richesse au goût artistique de Cosme l'Ancien et de Laurent le Magnifique. Après le pillage qui suivit l'entrée des troupes de Charles VIII en 1494 et la dispersion d'œuvres précieuses, les Grands Ducs entreprennent de réunir ce qui a échappé à la destruction et d'acquérir de nouvelles pièces. Les plus actifs, d'entre eux furent Francesco I, Ferdinando I et Ferdinando II, ainsi que le cardinal Léopold. En 1737, Anna Maria Ludovica signe un pacte de famille qui assure le maintien de la collection à la ville; cet accord sera ratifié ensuite par Pierre Léopold de Lorraine.

Dans la Tribune, au centre se trouve la *Vénus Médicis;* c'est une statue célèbre: copie grecque réalisée au 3e siècle av.J.C. d'une œuvre de Praxitèle. La déesse, nue, aux formes souples et lumineuses, fait peser son corps sur un seul pied tandis qu'elle tente de se couvrir de ses mains. Elle est représentée dans un instant d'immobilité, pour mieux pouvoir montrer sa pure beauté. Elle se détache parmi les œuvres analogues de Praxitèle, qui traita cinq fois se sujet, par une certaine recherche de réalisme qui tempère l'idéal des formes. L'œuvre provient de la villa Adriana de Tivoli. Les autres statues, séparées de l'ensemble dont elles faisaient partie, sont disposées en cercle, et représentent d'intéressantes sculptures. L'*Ecorcheur Scythe* appelé le Rémouleur est un animal en forme humaine occupée à aiguiser son coutelas contre une pierre; il regarde le corps de Marsyas, pendu à un arbre; son visage bestial éclairé par le plaisir qu'il va prendre à l'opération donne toute sa valeur à l'ouvrage. C'est la réplique d'un original de l'école de Pergame, 3e siècle av.J.C. Les *Lutteurs*, le *Faune,* avec son *scabellum* et le petit *Apollon* représentent des copies antiques des divers styles de la statuaire grecque.

Galerie des Offices, Vénus des Médicis

Les Peintures On accède à la collection de peinture par la première porte à gauche de l'entrée à la galerie. Les tableaux sont groupés en trois sections. La première débute par les primitifs florentins et siennois et aboutit aux chefs-d'œuvre du 15e siècle; la seconde, dans les salles qui suivent la Tribune, réunit les œuvres du 15e siècle vétien, français et allemand; la troisième, occupant les salles qui s'ouvrent sur le 3ème couloir, contient les peintures de 16e au 18e siècles concernant les principales écoles italiennes et, parmi les étrangères, les écoles flamand et française en particulier.

Salle 2, XIIIe siècle et Giotto Les deux premiers peintres dont nous verrons les œuvres appartiennent à l'école florentine. La *Madone en Majesté ou de Santa Trìnita* montre, par l'attitude de la Vierge et le réalisme des figures de prophètes, l'effort de Cimabue pour se dégager des leçons byzantines dont il arrive à adoucir la séverité par une vision romaine de l'art qui le détache ainsi de la tradition. Mais on comprend mieux les limites de son art en observant la peinture de Giotto. Ambrogio de Bondone, dit Giotto, jette les bases d'une nouvelle école de peinture par sa technique, ses formes et ses couleurs. La *Madone en Majesté entourée d'Anges et Saints* révèle ce que la lumière et le coloris peuvent faire pour créer une image. Le peintre réalise son univers selon un schema géométrique et les figures se disposent dans l'espace ainsi constitué suivant la propre nécessité de l'œuvre sans idée préconçue. Il faut ajouter que Giotto n'est pas seule-

Galerie des Offices. Giotto, Vierge en Gloire

Galerie des Offices. Cimabue. Vierge en Majesté

Galerie des Offices. Ambrogio Lorenzetti, Histoires de Saint Nicolas

ment un peintre mais un entrepreneur en peinture, ce qui explique le nombre et la diversité des œuvres qu'il a laissées..L'école de Sienne naît avec Duccio de Buoninsegna dont l'œuvre se situe entre la fin du 13e siècle et le début du 14e siècle. Sa *Madone en Majesté entourée de 6 Anges*, appelée Madonna Rucellai, du nom de la chapelle de l'église de Santa Maria Novella où elle se trouvait, montre bien la personnalité de l'artiste. Sa palette aux couleurs vives donne leur grace aux formes, leur suavité aux gestes et aux corps, dont la beauté plastique s'empreint de mysticisme..Salle 3, XIVe siècle siennois. La plénitude d'expression de l'école primitive siennoise se révèle dans l'*Annonciation et Saints* de Simone Martini et Lippo Memmi. Le dialogue entre l'Ange et la Vierge se déroule au milieu d'un décor irréel et il s'exprime en traits flexibles et harmonieux et en couleurs délicatement nuancées. Salle 5-6, Gothique fleuri. Dans les salles suivantes on verra une précieuse *Adoration des Mages* de Gentile da Fabriano, dont l'habilité de miniaturiste se plait à travailler les ors, les riches coloris, les fleurs et enveloppe les personnages d'un climat fabuleux. Salle 7, début du XVe siècle florentin. La *Bataille de San Romano* de Paolo di Dono, dit Paolo Uccello, constitue une des rares œuvres qui nous soient restées de ce fanatique de la peinture qui passa son existence à étudier les possibilités d'expression de la perspective. Les *Portraits* de Federico di Montefeltro et de sa femme Battista Sforza sont des chefs-d'œuvre de Piero della Francesca. Ces deux visages révèlent une plénitude de vie spirituelle. Elle est exprimée par le caractère incisif du trait et par la disposition des couleurs qui font ressortir les effets de perspective. Les personnages sont représentés dans une attitude paisible qui met en valeur leur personnalité.
La *Vierge avec l'Enfant* de Beato Angelico, fra Giovanni da Fiesole, révèle une foi sereine.
La noblesse d'attitude de la *Vierge à l'Enfant avec Sainte Anne* de Masaccio et Masolino da Panicale nous raméne au courant principal de la peinture florentine.
Du grand styliste Domenico Veneziano on admirera une *Vierge avec Enfant et 4 Saints* aux lignes pures, aux couleurs claires mais presques froides.
Salle 8, Filippo Lippi. L'*Annonciation* d'Alesso Baldovinetti évoque le parfait imitateur de la nature et infatigable chercheur

Galerie des Offices, Salle 2. Duccio di Buoninsegna, Vierge en Majesté à l'Enfant avec 6 Anges

Galerie des Offices, Salle 5/6. Gentile da Fabriano, Adoration des Mages

Galerie des Offices, Salle 7. Paolo Uccello, Bataille de San Romano

Galerie des Offices, Salle 7. Piero della Francesca, Portraits de Battista Sforza et Federico di Montefeltro

de nouveaux procédés chromatiques, si bien que la plupart de ses œuvres ont été décolorées par le temps. Elle nous montre aussi le rôle primordial que joue le paysage dans la composition.
L'œuvre de ilippo Lippi, le moine qui abandonna son couvent pour é pouser une religieuse, Lucrezia Buti, tend à humaniser le monde poétique de Beato Angelico. Les scénes religieuses ou mondaines qu'il peint reflètent la vie quotidienne de Florence: les places, les rues, les églises, des enfants qui ressemblent à des anges et des hommes d'église portant l'auréole, toute la vie transposée par le souffle poétique. Le *Couronnement de la Vierge* (1447) est l'une de ses œuvres les plus célèbres, parce qu'il y rend, d'une manière particulièrement sensible, le charme de son art.
Salle 9, Pollaiolo. Les allégories des *Vertus* (1469) de Piero et Antonio Pollaiolo montrent la maîtrise des deux frères dans l'art de représenter la nature par la force du trait et le relief plastique.
Salle 10-14, Botticelli. Botticelli fut le peintre qui a su traduire avec le plus de spontanéité l'atmosphère exquise de Florence au début de l'ère médicéenne. La *Naissance de Vénus* et le *Printemps* sont deux chefs-d'œuvre au dessin sinueux et imprévisible qui enveloppe les figures d'une sensualité aérienne. Ce dessin transforme les sujets, les replace dans un monde que dominent le reve et le lyrisme.
Identique est l'atmosphère de *Pallas et le Centaure* - - scène mythologique symbolisant le voyage à Naples de Laurent le Magnifique —, et de l'*Adoration des Mages*,où les personnages qui entourent le Christ sont les portraits des Médicis et des artistes de leur cour. Les œuvres que Sandro Filipepi, connu sous le nom de Sandro Botticelli, produisit pendant la période des prédications de Savonarole n'atteignirent pas le même niveau artistique et témoignent seulement d'une conversion spirituelle imposée par la volonté de l'homme sans correspondance avec l'âme du poète. Dans on voit la salle, entre autres ouvrages.Un noble *Portrait de vieillard* de Filippino Lippi. L'art de Filippino, fils de Filippo, est influencé par Botticelli. Dans ce portrait le dessin anime un large visage plein d'intelligence: il s'en dégage une profonde spiritualité, tandis que les bras forment un cercle comme pour retenir la méditation. Le *Triptyque Portinari*, qui tire son nom des portraits de Margherita et Tommaso Portinari, est une œuvre de Hugo Van der Goes qui mérite qu'on s'y attarde, car il a profondément influencé la peinture florentine. Il occupe le centre de la salle et fut peint entre 1476-8: son originalité naît du contraste entre le réalisme rustique des bergers et l'idéalisme des anges. Ce contraste révèle à lui seul le tourment qui devait agiter l'artiste jusque dans le couvent où il s'était retiré.
Salle 17, Léonard de Vinci. L'*Adoration des Mages* de Léonard de Vinci constitue le tableau principal de la salle. Ce n'est en réalité qu'une ébauche qui résume toutes les tendances de la peinture de l'époque et où se trouvent en germe les principes nouveaux de l'art. Dessin, perspective et forme se mé-

Galerie des Offices, Salle 10/14. Sandro Botticelli, Naissance de Vénus (dét.)

Galerie des Offices, Salle 10/14. Sandro Botticelli, L'Arrivée du Printemps (dét.)

langent pour construire des masses et donner de la profondeur à l'horizon. Le sens mystérieux du geste créateur qui replace le personnage principal et l'ensemble de la scène dans une réalité plus tangible trouve ici toute sa force d'expression: la narration devient symbole général.

L'autre tableau est l'*Annonciation* de Léonard de Vinci qui date sa période florentine. La Vierge et l'Ange animent cette scène dramatique qui se derolule au milieu des fleurs d'un jardin irréel. Le drame oùtout se empreint de mistère se joue au premier plan. Derrière, un paysage plein de douceur, que bagne la lumière du couchant, fait echo à la scène qu'il repercute en l'estompant à l'infini, suivant un rythme sans cesse plus ample.

Andrea di Cione, dit Le Verrocchio, maître de Léonard, est ici représenté par son célébre *Baptême du Christ.* Dans une froide atmosphère, les personnages, nettement

dessinés, se meuvent au milieu d'un paysage équilibré, sous une lumière aveuglante, aux coloris savamment contrastés.
Salle 16, Cartes geographiques
Salle 18, la Tribune. On sort par le couloir et ont entre dans la salle de la Tribune. Aux murs sont accrochésde nombreux portraits des Médicis. Quant à ceux de Bartolomeo et Lucrezia Panciatichi, qui constituent les meilleurs du groupe, ils sont l'œuvre de Bronzino.
Salle 19, Pérugin et Signorelli. Le tondo de la *Sainte Famille* de Luca Signorelli, disciple de Piero della Francesca, ne suffit guère à donner une idéesatisfaisante de la vigueur, du movement et de l'art du nu qui constituent les caractères essentiels de ce peintre, proche de Michel-Ange.
Salle 20, Dürer et les Allemands. D'Albrecht Dürer nous mentionnerons une *Adoration des Mages* (1504) et de Lukas Cranach *Adam et Eve* et les *Portraits* de Luther et Melanchthon. Salle 21, Giambellino et Giorgione. Giovanni Bellini est représenté par une *Allégorie du Purgatoire* et de la *Pitié*. Le peintre, considéré comme le chef de file de l'école vénitienne, traduit sa conception de l'art par l'emploi délicat et sensible de coloris chauds.
Salle 22, les Flamands et les Allemands.On remarque aussi des œvres d'Albert Altodörfer et Holbein le Jeune. Dans on voit la salle, entre autre ouvrages quelques portraits de Hans Memling, caracter'risés par le souci du détail qui aboutira au réalisme le pulus typique.
Salle 23, Corrège. De Antonio Allegri di Correggio, dit Le Corrège (1489-1534) le *Repos en Egypte* représente une de ses œuvres de jeunesse, mais elle est célèbre. Il révèle l'influence de Mantegna. Il y a aussi les deux tableaux *Adoration de l'enfant* et *Madone en gloire*.L'art du Corrège se ressent d'un certain provincialisme dont il ne se défera jamais et aussi d'une sensualité délicate dans le choix des couleurs chaudes, qui est toute émilienne.
Andrea Mantegna y est représenté avec l'*Adoration des Mages*, la *Circoncision* et l'*Ascension*. Mantegna se tient àgale distance de l'école vénitienne et de l'école toscane et ses chefs-d'œuvre révèlent un art original..Nous reprenons les couloirs, et après avoir admiré les vues sur Florence des fenêtres du second, nous entrons dans la première salle du troisième couloir où commence la visite du dernier groupe de peintures.
Salle 25, Michel-Ange et les Florentins. Le tondo de la *Sainte Famille* est un des rares ouvrages de chevalet de Michel-Ange: il le peignit pour les noces d'Agnolo Doni et de Maddalena Strozzi. On y retrouve les caractères essentiels de son art; le constraste entre le monde chrétien, symbolisé par la scène religieuse, et le monde païen par les nus de l'arrière plan; le mouvement impétueux de la composition dont la spirale est accentuée par les larges plis du vêtement où la lumière pénêtre en créant un effet de clair-obscur.
Salle 26, Raphaël et Andrea del Sarto. Raphaëla peint entre 1518-9 le *Pape Léon X avec les cardinaux Luigi dei Rossi et Jules dei Médicis*, futur Clement VII. Les coloris et le fondu équilibrent admirablement

Galerie des Offices, Salle 17. Léonard de Vinci, Annonciation

Galerie des Offices, Salle 25. Michel-Ange, Sainte Famille

cette noble scène où l'on voit le Pape assis et entouré de ses prélats dans une attitude sévère. On dirait qu'il s'agit d'un instant de répit aprèsune discussion animée et l'expression de chaque personnage, méfiant, menaçant, indifférent, expriment les paroles qui ont été prononcés et qui flottent encore dans l'air. L'étroitesse du décor traduit l'atmosphère lourde et oppressante de la scène et l'on s'attend à voir la discussion reprendre encore plus orageuse et menaçante qu'auparavant. La *Vierge au Chardonneret* appartient à la période florentine de Raphaël, qui peignit ce tableau en 1506 pour le mariage de Lorenzo Nasi. La Vierge anime la scène du premier plan: allarmée par une pensée soudaine, elle a interrompu sa lecture pour observer son fils et le petit Saint-Jean: son visage reflète le souci qui l'assaille et son état d'âme devient ainsi le sujet du tableau. La campagne délicate qui s'étend au loin, parmi les arbres frêles et légers, se couvre subitement d'un nuage: les teintes des prés, des arbres et de l'eau se voilent et disparaissent à l'horizon. La suggestive beauté du tableau naît de l'harmonie des sentiments chrétiens et humains qui animent la scène, harmonie reprise et prolongée par les mille voix de la campagne. Le *Portrait du Pape Jules II*, par Raphaël, est peut-être la copie d'un original disparu..Avec Léonard, Raphaël et Michel-Ange, la peinture a donné le mieux d'elle-même en réalisant la synthèse de toutes les tendances de la peinture du 15e siècle.

Galerie des Offices, Salle 26. Raphaël, Vierge au Chardonneret

Salle 27, Pontormo et Rosso Fiorentino

Salle 28, Titien. Nous pénétrons ensuite dans le monde de la grande peinture vénitienne du 16e siècle que domine la vigoureuse personnalité du Titien. Aux Offices, son œuvre la plus complète est la *Vénus d'Urbin* (1537). Il s'y révèle par le chaud chromatisme des rouges et rouges sombres et la force des pénombres semées de reflets qui contribuent puissamment à la composition dans sa recherche de la réalité. Le rythme et les variations des couleurs donnent toute sa personnalité au corps sensuel et le détachent de la réalité des scènes, qui animent la pièce, et du paysage. La *Flore* exprime l'idéal de beauté du Titien: des chairs florissantes et sensuelles, des couleurs qui envahissent tous les plans, et s'exaltent pour aboutir à une expression lyrique du sujet.

Salle 29, Parmesan. Le Parmesan est le meilleur représentant du maniérisme: ses couleurs au lieu d'obéir à l'élan de sa fantaisie sont méditées et raisonnées. De lui on peut admirer la *Vierge au long cou.*

Salle 30, du Emiliani.

Salle 31 du Dosso Dossi

Salle 32, Sebastiano del Piombo. Nous nous arrêterons ensuite devant les tableaux de deux artistes vénitiens Sebastiano del Piombo et Lorenzo Lotto.

Salle 33, Corridor du XVIe siècle

Salle 34, Véronèse. Dans la salle sont exposées la *Sainte Famille*

avec Sainte-Barbara et le *Martyre de Sainte-Justine*, de Paul Véronèse. Paul Véronèse est l'un des plus grands peintres de l'école vénitienne, débordant d'une vie intérieure qu'il exprime par un chromatisme lumineux.
Salle 35, Tintoret et Baroche. Jacopo Robusti, dit le Tintoret, fut un autre grand maître de l'école vénitienne dont nous pourrons admirer un chef-d'œuvre, le *Portrait de Jacopo Sansovino*, où il se montre dans la plénitude de son art, dont les composantes sont essentiellement la lumière, le mouvement et les contrastes. Dans le *Christ et la Samaritaine*, ce sont à nouveau l'élan et l'impulsion qui créent le drame, avec un résultat quelque peu rhétorique. Les Bassano forment une famille de peintres et prennent son nom de l'endroit où il naquirent et où son art c'est développé. François le Vieux est le plus connu, avec son fils Jacopo, qui est reconnu comme le chef de file.
L'activité d'Antoine Van Dyck transparaît dans ses portraits dont nous voyons quelques exemplaires. Antoine Van Dyck, *Portrait de Charles V*. Même leur nom Da Ponte se rattache à son village d'origine pour nous rappeler un art simple en contenu, de goût villageois, même s'ils situent la scène dans des palais, églises ou sous des colonnades. On peut admirer le *Concert de famille* de Leandro et le *Portrait d'un artiste* de Jacopo.
Salle 42. Du Niobe
Salle 41, Rubens. L'œuvre de Pierre-Paul Rubens (1577- 1640) atteint sa maturité artistique à Venise et à Rome. La sensualité et la dramaticité de son talent aboutissent parfois à la truculence dans ses grandes scènes de bataille ou de chasse. Mais ses tableau de petit format en sont exempt, comme le portrait de sa première femme, Isabelle Brandt, où sa tendre affection pour le modèle parvient à le spiritualiser.
Salle 43, Caravage. Nous jetterons maintenant un rapide coup d'œil aux peintres du 17e et du 18e siècles. La révolution d'Angelo Merisi, dit le Caravage, met fin au maniérisme par une utilisation particulière de la lumière et par l'introduction dans les scènes de personnages d'un réalisme brutal: les signes de la décadence artistique se transmuent en éléments de vérité. La *Méduse*, le *Bacchus adolescent* et le *Sacrifice d'Isaac* témoignent de cette tendance. On remarquera d'ailleurs que le choix d'un sujet dramatique est nécessaire à l'expression caravagesque. La Méduse est représentée par une tête de femme en furie, aux yeux révulsés

Galerie des Offices, Salle 29. Francesco Mazzola, dit Il Parmigianino, Vierge au long cou

et grouillante d'horribles serpents. Dans le bas du tableau des jets de sang taillent comme des lames. Le Bacchus est d'allure franchement exotique. C'est l'image du plaisir sensuel et pervers dans sa pleine jouissance. Le jeune homme a de grands yeux, surmontésd'épais sourcils, des lèvres charnues et un teint rose. On dirait que le personnage, au repos, savoure encore en lui- même le plaisir éprouvé.

Salle 44, Rembrandt et les Flamands. Le 17e siècle aura pour capitale artistique Rome, et le non conformisme du Caravage trouve son expression la plus typique dans l'œuvre et surtout dans les portraits de Rembrandt Van Rijn. On dirait que les visages et la personnalité de sujets des tableaux de Rembrandt naissent de l'ombre et qu'ils tirent leur substance de ce contraste.

Salle 45, XVIIIe siècle. Pour l'art du 17e et du 18e siècles, rappelons le tableau la *Guérison d'un possédé* de Mattia Preti, la *Toilette de Vénus* de Giovanni Lys, le *Devin* de Domenico Fetti, le *Christ au milieu des Pharisiens* de Strozzi. Nous trouvons ensuite quelques peintures de Reni et de Carracci. L'école vénitienne est bien représentée par les tableaux de G.B.Piazzetta, parmi lesquels nous rappelons Suzanne et les *Vieillards*, de Pietro Longhi, de G.B.Tiepolo, de Canaletto et de Francesco Guardi; de ces deux derniers, on peut admirer certaines Vues d'un grand intérêt descriptif.

Galerie des Offices, Salle 45. Antonio Canal dit Il Canaletto, Bassin de Saint Marc à Venise

PLACE SAN FIRENZE

Florence. Place San Firenze

LA PLACE SAN FIRENZE

Derrière le Palazzo Vecchio s'ouvre la charmante Piazza San Firenze, sur laquelle donne, en coin, le Palazzo Gondi 15ᵉs., ouvrage de Giuliano da Sangallo, le Couvent de San Firenze, avec l'église due à Ruggieri (1725). Ferment la place, à l'entrée de la Via del Proconsolo, d'un côté, l'ensemble de bâtiments de la Badia, surmonté d'un élégant clocher gothique, de l'autre côté, la masse imposante du Bargello ou Palazzo del Podestà.
Église et palais S. Firenze (Saint-Florent), nous révèlent que le baroque florentin est resté discret dans ses décorations. Le panorama de la place se complète par deux tours, celle de droite, dite la Volognana, qui appartient au palais del Podestà, ou Bargello, l'autre à l'église de la Badia.

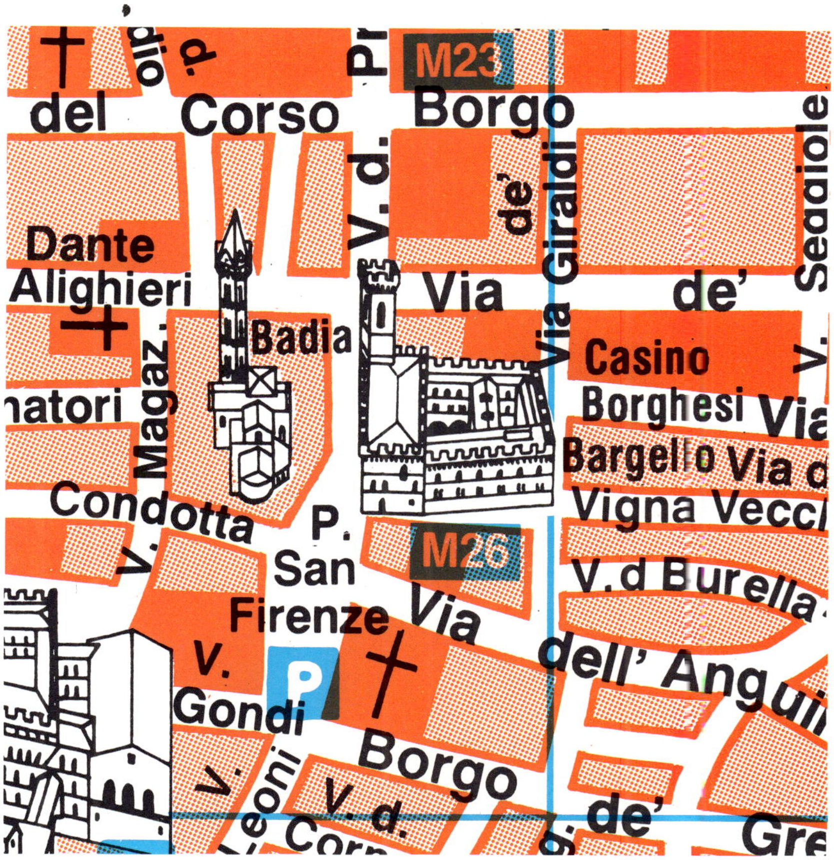

Place S.Firenze et quartier de Dante - Via del Corso ou Cardo - Palais Gondi - Via Dante Alighieri - Musée de Antropologie - Eglise de Badia - Bargello

Cette église, fort ancienne et vénérable est intimement liée à l'histoire de Florence. Il s'y trouve cependant une *Vierge à l'Enfant* et la tombe de Ugo que Mino da Fiesole termina entre 1469 et 1481. Mino avait été l'élève de Desiderio da Settignano dont il avait appris le sens de l'élégance. Il y joignit une extrême pureté dans le dessin et devint bientôt un maître à la mode. Le succès de ses œuvres, le nombre des commandes et la facilité du gain, finirent par gâter son talent, et, n'appliquant plus assez de soin à son travail, il sombra dans le superficiel: mais ce tombeau représente un chef-d'œuvre. Quant au tableau de Filippino Lippi, l'*Apparition de la Vierge à Saint Bernard,* il date de 1480.

Sur le côté gauche se développe le net édifice du palais Gondi, construit entre 1490 et 1494 par Giuliano da Sangallo, et dont les bossages se diversifient suivant les étages. Ces architecte acquit une grande renommée à l'époque de Laurent le Magnifique et, dans la tradition de Brunelleschi, réalise ses conceptions avec pureté et noblesse, comme on le voit par la cour de ce palais.

LA MAISON DE DANTE

Dans une rue transversale, à droite, on trouve la Maison de Dante, remaniée plusieurs fois au cours des siècles, où la tradition veut que naquit et vécut le poète.
A côte, l'église de Sainte Marguerite ou, d'après la tradition a été célèbre le mariage de Dante avec Gemma Donati en 1285.
C'est ici que se trouvent les trombes de la famille Portinari à laquelle appartenait Béatrice.
Le Prieuré des Arts eut son premier siège vers 1282 dans l'antique Tour della Castagna. Nous connaissons l'importance qu'eurent au 13ᵉ s. les Corporations des Arts auxquelles tant le peuple que la noblesse devaient être inscrits pour faire parti du gouvernement.

Florence, Rue Dante Alighieri. La Maison de Dante

LE BARGELLO

La partie antérieure du Bargello, avec la tour appelée Volognana, fut construite en 1255, pour loger le Capitaine du Peuple; en 1261, le Podestà y résida, puis les Juges du Tribunal de la Rota et, à partir de 1574, le Capitaine de Justice ou Bargello, chef de la police. On poursuivit les travaux sur cet édifice jusqu'au milieu du 14e s.; date à laquelle fut construite la partie postérieure entourant la très belle cour, avec arcades et escalier extérieur.
Le palais du podestat est bien conservé et présente le style du 14e siècle avec ses encorbellements, ses fenêtres gothiques, ses pierres nues et ses créneaux guelfes reposant sur de petits arcs. Il a pour caractéristique la vaste fenêtre à deux lobes du 14e siècle et les moulures qui séparent les étages.
La construction coïncide avec les années decisives de la lutte entre Guelfes et Gibelins qui atteignit son paroxysme lors de la défaite Guelfe de Montaperti (1260) peu de temps après laquelle les Guelfes furent chassés de la ville des Gibelins.
Ce palais fut le symbole de la forteresse des libres institutions de

la commune, jusqu'à ce que fut construit le Palais de la Seigneurie. En revanche, à l'époque du Grand Duché, il fut transformé en prison et son nom, Bargello, qui dérive de celui du capitaine de justice, fait bientôt frissonner les Florentins à l'idée des tourments auxquels sont soumis les suspects et les coupables.

Musée National ou du Bargello. Grande salle du siècle 14e

MUSÉE NATIONAL OU DU BARGELLO

Dans le musée du Bargello a été réuni un ensemble de statues qui ont été disposées dans le bâtiment du même nom.

Rez-de-chaussée. Toutes les sculptures de Michel-Ange qui appartenaient au musée se trouvent maintenant au rez- de-chaussée dans la vaste salle qui date du 14e siècle. L'architecture de la salle est simple et grandiose. Ici sont groupés des œuvres appartenant à toutes les périodes artistiques du maître, et sur toutes domine le *Bacchus*, une statue en marbre où l'artiste affirme la personalité de son génie. Le médaillon de la *Vierge à l'enfant et le petit S.-Jean*: ici les figures se détachent dans un vigoureux relief grâce aux diverses techniques par lesquelles les plans sont rendus. Le *David* (1530) et le buste de *Brutus* (1540) appartiennent à la maturité de l'artiste. Ces deux marbres révèlent de la part de Michel-Ange la continuité de son attitudine politique. Le David fut sculpté l'année où Florence retomba aux mains des Médicis après un siège courageux auquel Michel-Ange avait personnellement contribué en établissant les fortifications de San Miniato. Il faut noter qu'il réalisa cette statue pour Baccio Valori, vaillant défenseur de la liberté de Florence, qui, malheureusement, tombera bientôt victime ingénue de l'astuce de Cosme ler. Le Brutus vit le jour à Rome dans le climat brulant de passion qui réunissait les proscrits florentins dont le coeur avait été meurtri par la violence du tyran. La violente expression de haine de Brutus, dans son rôle de défenseur de la liberté contre les tyrans, vient en droite ligne de l'antiquité et elle est significative de ce moment historique particulier.

Déhors il y a la cour, un espace assez étroit, le portique à pilastres et l'escalier découvert, ceux-ci tous éléments typiques du 14e siècle.

Premier étage. Au premier étage, dans la loge, parmi toutes les

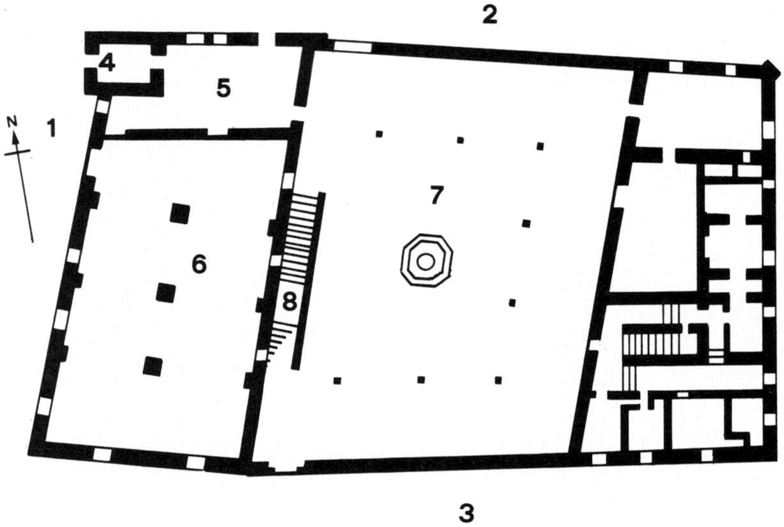

Plan du Musée National ou du Bargello. (On peut changer, sans préavis, l'ordre des salles) Rez-de-chaussée. 1) Via del Proconsolo 2) Via Ghibellina 3) Via della Vigna Vecchia 4) Entrée 5) Salle de la Tour 6) Salle des Armes ou de Michel-Ange 7) Cour 8) Escalier découvert

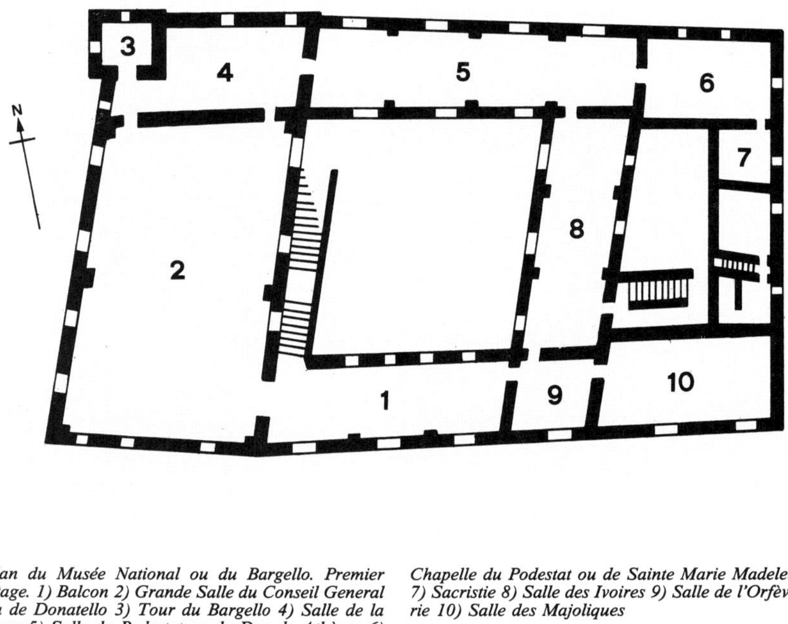

Plan du Musée National ou du Bargello. Premier Étage. 1) Balcon 2) Grande Salle du Conseil General ou de Donatello 3) Tour du Bargello 4) Salle de la Tour 5) Salle du Podestat ou du Duc de Athènes 6) Chapelle du Podestat ou de Sainte Marie Madeleine 7) Sacristie 8) Salle des Ivoires 9) Salle de l'Orfèvrerie 10) Salle des Majoliques

Musé National ou du Bargello, Michel-Ange. Médaillon de la Vierge à l'enfant avec Saint Jean enfant.

œuvres exposées, on rencontre un chef-d'œuvre de Jean Bologne, le *Mercure*. Le messager des dieux exprime plus que la réalité: il symbolise la rapidité de la pensée et il est représenté avec les attributs de son rôle, bonnet phrygien et caducée. Ses formes en fuseau rappellent les vitesses métaphysique de sa mission aérienne et ses membres effilés sont taillèspour un vol sans fin. Pour conserver intacte la perfection de ces mouvements l'artiste ne lui fait pas toucher le sol ainsi que de l'écume le rencontre en l'air. Grande Salle du Conseil General. La salle est celle qui par ses dimensions et son dessin architectural donne le mieux l'idée du style du 14e siècle, malgré les transformations subies au 19e siècle. On y a disposé des sculptures célèbres, appartenant à la première moitié du 15e siècle. Contre le mur du fond et au milieu, on aperçoit le *Saint-Georges* qui est sans doute la statue la plus connue de Donatello. Nous sommes en présence d'un jeune homme, peut-être tiré de la réalité, et dont l'attitude exprime volonté et résolution farouches. Une armure enserre son corps mince et souple. Sa tête est petite, aux traits coupants. L'artiste l'a saisi dans l'instant où la pensée cède à l'action. Tout le sens de l'œuvre réside dans cette animation qui pénètre chaque fibre et se concentre dans le visage clos comme l'armure où elle éclate violemment. Autre œuvre bien connue de Donatello est le buste en terre-cuite colorée de Niccolò da Uzzano, dont le réalisme brutal a quelque chose d'effrayant. De cette période le premier nu qui apparait est le *David* statue en bronze de 1430, dont les caractères peuvent résumer ceux de l'époque. Elle fut réalisée pour Cosme le Vieux: David est représenté après sa victoire, la tête de Goliath à ses pieds et le chapeau ceint de laurier. Ces deux éléments n'ont d'autre fonction que de faire ressortir le nu qui n'a rien de robuste et fort mais apparait délicat et amolli par une vague sensualité.Parmi les autres

créations de Donatello signalons son mystique *Petit Saint-Jean*, le *Lion* ou autrement dit *Marzocco* symbole de la ville, et l'*Athys*, une statue qui représente l'amour. Nous trouvons également des œuvres considérables de Luca della Robbia et autres artistes célèbres. Une salle de cet étage présente d'autre part les pièces faisant partie de la collection L.Carrand.
Dans la partie gauche de l'étage on visite la chapelle du Podesta, dite aussi de la Madeleine, où l'on maintenait les condamnés à mort dans l'attente de leur exécution. Les fresques y présentent des portraits parmi lesquels on decouvre, celui de Dante, de Corso Donati et de Brunetto Latini.
Second étage. Les diverses salles du second étage offrent également des sculptures fort connues. Rappelons le *David* de Verrocchio, l'*Hercule et Antée*, œuvre brillante d'Antonio Pollaiolo; le *buste de Matteo Palmieri* d'Antonio Rossellino, le *Buste de Pietro Mellini* de Benedetto da Maiano; et la collection d'armes Ressmann.

Musée National ou du Bargello. Donatello, Saint Georges

Musée National ou du Bargello, Premier Étage. Grande Salle du Conseil General, Donatello, Statue de David

Florence. Vue aérienne de S.Croce

LA PLACE SANTA CROCE

Cérimonies religieuses et civiles solennelles du 14e, siècles Joutes et tournois à cheval d'un grande splendeur au 15e, siècle Le jeu de balle au 16e siècle.

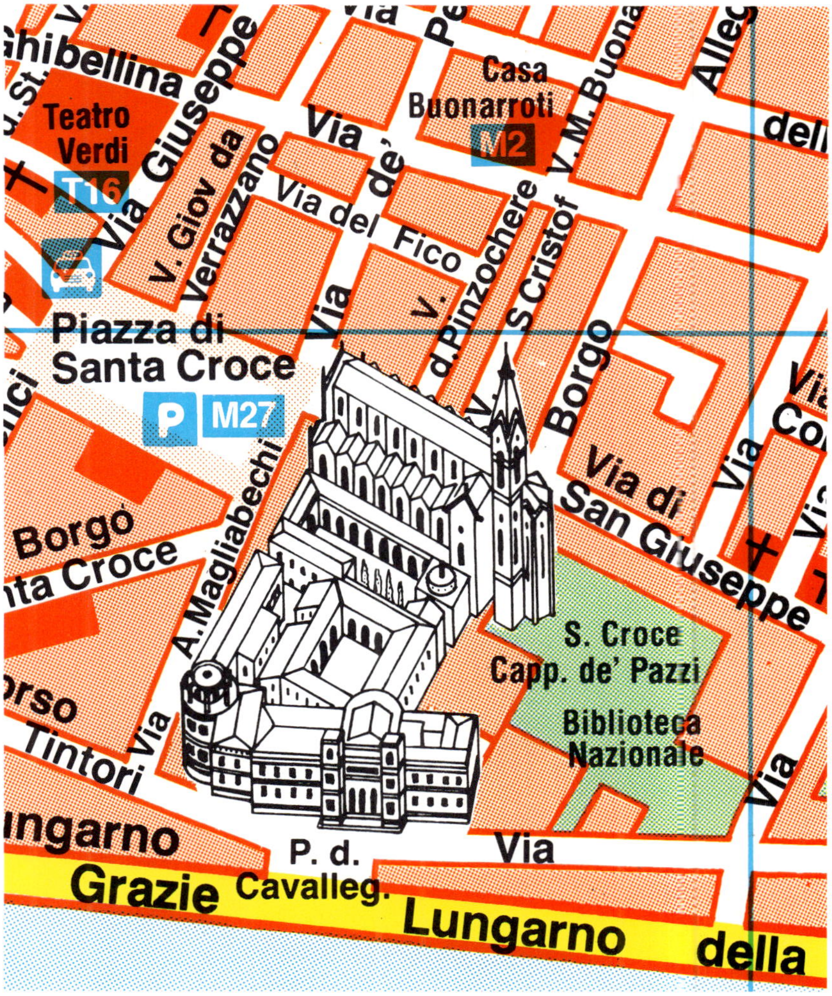

Place S.Croce - Via Buonarroti - Bibliothèque Nationale - Monastère de la S.Croce

Nous voici dans le quartier populaire de S. Croce. Par ces rues encombrées de véhicules de toute sorte et inondées du bavardage des gens, on sent battre le cœur de l'antique Florence.
On arrive sur la vaste place de Santa Croce, ancien centre de la vie religieuse et sociale. Cette grande place populaire fut construite progressivement autour de l'église franciscaine, sur des terrains cultivables ou marécageux. Les champs et les terres incultes furent peu à peu aménagés pour faire place à des constructions distribuées autour du périmètre régulier de la place et dans les zones internes. Les masures furent remplacées par des maisons mieux construites et par des palais dont les plus importants sont, le palais Serristori attribué à un projet de Baccio d'Agnolo et d'autres constructions du 15e s. encore bien conservées. Le palais de l'Antella qui appartint aux Cerchi fut construit au 17e s. par Giulio Parigi. Les fresques de la façade furent réalisées en vingt-sept jours par douze peintres sous la direction de Giovanni da San Giovanni. Dès le 14e s. cette grande place populaire vit se dérouler toute une série de manifestations dont le caractère varia au cours des siècles.
Au 14e s. la place subit surtout l'esprit religieux, avec de solennelles cérémonies à l'occasion d'anniversaires, et les très célèbres prêches des Franciscains qui voyaient accourir une foule de seigneurs et de petites gens. Au 15e s. les fêtes profanes remplacent les manifestations religieuses: fêtes de la riche noblesse florentine, tournois et combats guerriers auxquels participaient tous les jeunes gens des plus grandes familles.
Parmi tant d'autres, sont restés célèbres le combat gagné en 1469 par Laurent de Médicis et celui de 1475 qui vit le triomphe de Giuliano de Médicis.
Le 16e s. fut l'époque du *Gioco del Calcio* - le jeu de la balle - qui suscita une immense ferveur parmi les florentins et qui caractérisa les spectacles à Santa Croce, l'un des plus célèbres monuments gothiques italiens.

L'ÉGLISE ET LE COUVENT DE SANTA CROCE

Commencée à la fin du 13e s. la construction ne fut achevée qu'un siècle plus tard. Tandis que la façade, dessinée par Matas et le clocher, dû à Baccani, sont des ouvrages du 19e s. en style néo-gothique, l'intérieur a conservé son architecture originale, dont les plans sont attribués à Arnolfo di Cambio: trois nefs dont celle du centre est très vaste, petit transept et chapelles alignées sur le fond, suivant le sché-

Florence. Vue aérienne de S.Croce

ma traditionnel à croix égyptienne. Le volume intérieur est arrêté par des lignes architecturales d'une extrême simplicité qui, tout en restant d'expression gothique, révèlent, dans leur ensemble, une sobriété toute classique.

La grande vogue de l'ordre franciscain incitait les nobles et les riches à solliciter, moyennant d'importantes donations, le privilège d'être inhumés dans des églises dédiées à saint François. Au 14e s., Santa Croce présentait, sur toute sa surface, une foule de pierres tombales: les murs disparaissaient sous les monuments funéraires, cénotaphes, plaques commémoratives et fresques. Après 1560, Vasari rénova l'intérieur de l'église, en rehaussant malheureusement le sol et en effaçant les fresques murales. Il détruisit le chœur et adossa aux parois les autels. Malgré tout, les œuvres d'art qui restent à Santa Croce sont nombreuses et précieuses. Sur le premier pilier la Tombe de Francesco Nori tué par les hommes de la conjuration des Pazzi alors qu'il tentait de sauver Laurent le Magnifique. L'élégant bas-relief qui représente La Vierge allaitant fut réalisé par Antonio Rossellino,

Sur le troisième pilier de droite Benedetto da Maiano a réalisé une chaire en marbre avec des bas-reliefs d'une rare élégance illustrant Épisodes de St.-François.

Parmi les nombreuses sculptures, rappelons l'*Annonciation*, joli bas-relief en pierre et la *Crucifixion*, en bois, d'un extrême réalisme: toutes les deux de Donatello. Le tombeau de Leonardo Bruni, exécuté en 1444 par Rossellino, servit de modèle à tous les artistes florentins du 16e s.

Le monument funèbre à Carlo Marsuppini humaniste, mort en 1453, est l'œuvre de Desiderio da Settignano.

Parmi tous les personnages inhumés dans cette église, citons Mi-

chel-Ange, Machiavel, Galilée, Alfieri, Foscolo, Rossini.
La sacristie du 14ᵉ s, décorée de fresques représentant les *Histoires de la Passion* présente un grand intérêt. Les armoires et les tables sont de Giovanni di Michele. Les très beaux dossiers et les tables sont de Giovanni di Michele. Les très beaux dossiers sculptés et marquetés furent exécutés par Nanni Ungaro vers 1530.

LA CHAPELLE DU SAINT SACREMENT AGNOLO GADDI

C'est dans cette chapelle que se réunissaient les membres du Troisième Ordre laïc dont fit aussi partie Dante Alighieri. Vers 1383 Agnolo Gaddi peignit ses fascinantes *Histoires de Saint François.*
Contre les piliers, les statues de Saint François et de Saint Dominique proviennent de l'atelier des Della Robbia. La tombe de la comtesse d'Albany fut exécutée d'après un projet de C. Percier.

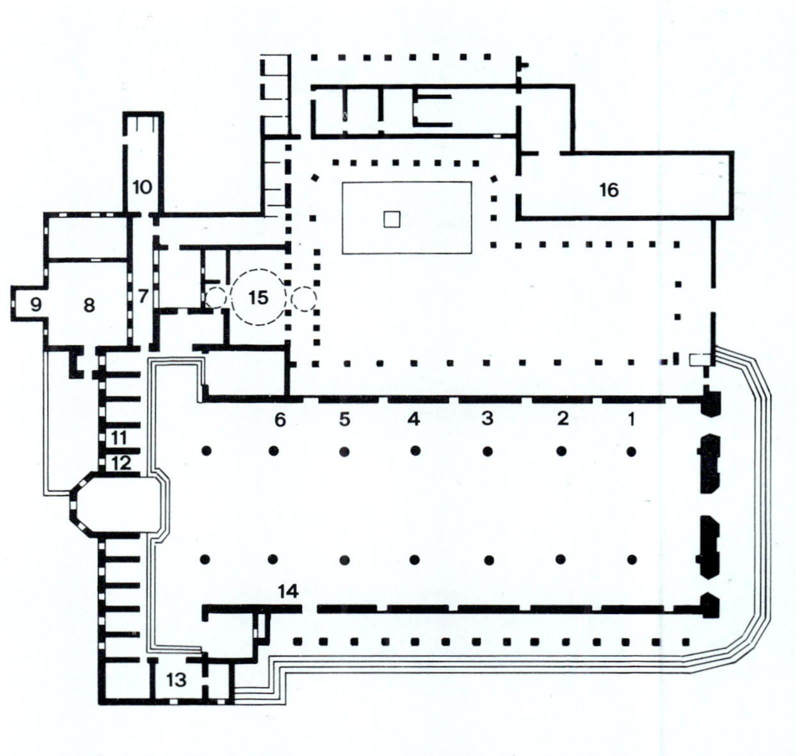

Plan de Santa Croce et des Cloîtres. 1) Monument de Michel-Ange 2) Cénotaphe de Dante Alighieri 3) Monument de Vittorio Alfieri 4) Monument de Niccolò Machiavelli avec l'inscription Tanto nomini nullum par elogium 5) Donatello et Michelozzo, Annonciation 6) Tombeau de Leonardo Bruni par Bernardo Rossellino 7) Couloir de la Sacristie 8) Sacristie 9) Chapelle Rinuccini 10) Chapelle du Noviciat ou des Médicis 11) Chapelle Peruzzi 12) Chapelle Bardi 13) Chapelle Bardi 14) Desiderio da Settignano, Monument de Carlo Marsuppini 15) Chapelle des Pazzi 16) Musée de l'Opera de Santa Croce

LA CHAPELLE BARONCELLI TADDEO GADDI

Entre 1332 et 1338 Taddeo Gaddi, disciple de Giotto, peignit sur les murs un cycle de fresque, *Histoires de Marie.* Cette œuvre constitue un témoignage intéressant des coutumes et des mœurs de l'époque.
A l'extérieur, la tombe des Baroncelli, de style gothique, dont la lunette est attribuée à Taddeo Gaddi. Sur la paroi de droite, la grande fresque de Bastiano Mainardi (1490 environ), représente la *Madone à la ceinture avec Saint Thomas.*

Basilique de Santa Croce. Intérieur

LA CHAPELLE RINUCCINI GIOVANNI DA MILANO

Les scènes de la vie de Madeleine et de la Vierge, mises en fresques par Giovanni da Milano, représentent une autre œuvre importante du 14e s., grâce à son unité de style. Le retable est l'œuvre de Giovanni del Biondo et fut exécuté vers 1379.

LA CHAPELLE MÉDICIS DE MICHELOZZO

C'est en 1434 que, sur l'ordre de Cosme l'Ancien, Michelozzo créa cette œuvre architecturale à la structure claire et harmonieuse propre à la Renaissance, dans laquelle s'insèrent avec un esprit tout aussi joyeux les réalisations des Della Robbia.
Les deux précieux tabernacles sont de Mino da Fiesole et Andrea del Verrocchio.

LA CHAPELLE PERUZZI GIOTTO

Vers 1320 Giotto réalisa les fresques de cette chapelle avec des *Scènes de la vie de Saint-Jean l'Évangéliste*. Elles avaient été recouvertes d'une épaisse couche de chaux; redécouvertes en 1842, elles furent restaurées et complètement reportées à la lumière.

LA CHAPELLE BARDI GIOTTO

Il s'agit d'une autre chapelle décorée par Giotto. Le thème traité est celui de la *Vie de Saint François*; les scènes les plus connues et les plus édifiantes de la vie du Saint entouré jusqu'à sa mort de l'affection et de la douleur de ses compagnons de foi, sont illustrées avec force et avec un réalisme touchant.

Basilique de Santa Croce, Chapelle Baroncelli. Taddeo Gaddi, Mariage de la Vierge (dét.)

LA CAPPELLA MAGGIORE AGNOLO GADDI

Agnolo Gaddi obtient des effets de mouvement et d'intensité dramatique avec les fresques de la *Cappella Maggiore* qui illustrent la *Légende de la Sainte-Croix* avec les thèmes propagés par le Bienheureux Jacopo da Varagine.

LA CHAPELLE PULCI BERNARDO DADDI

Les fresques des murs exécutées vers 1330 par Bernardo Daddi, racontent l'histoire des *Martyres de Saint Laurent et de Saint Étienne.* Le précieux retable en terre cuite vernissée est de Giovanni della Robbia.

LA CHAPELLE DES BARDI GIOTTINO

Un peintre inconnu qui s'inspirait de Giotto, et auquel los critiques donnèrent le nom de Giottino, est l'auteur des fresques sur les murs, qui racontent la *Vie du Pape Saint Sylvestre.*

LA CHAPELLE DES PAZZI ET BRUNELLESCHI

Par la Porta del Martello, à droite de la façade on entre dans le cloître 14e s. avec au fond, la Cappella Pazzi, édifiée en 1430-45, par Filippo Brunelleschi, construction de plan central surmontée d'une coupole et précédée d'une galerie, avec un grand arc au milieu. Brunelleschi réalisa là son idéal esthétique d'édifice religieux. Le second Cloître également, dit Chiostro Grande fut dessiné par Brunelleschi, peu avant sa mort et décoré par Rossellino.
Le musée a été aménagé dans l'ancien réfectoire. Sur ses murs il présente des fragments de fresques et, sur le sol, des sculptures qui se trouvaient jadis dans la basilique.

Basilique de S.Croce, Cloître. Campanile et Chapelle des Pazzi

LA BIBLIOTHÈQUE NATIONALE

Sur la place des Cavalleggeri se trouve le bâtiment moderne de la Bibliothèque Nationale Centrale. C'est peut-être la bibliothèque la plus importante d'Italie pour le nombre de ses volumes mais aussi pour ses glorieuses collections dont font partie le manuscrit de la Divine Comédie du 14e s., le Trésor de Brunetto Latini du 13e s. et la Bible de Mayence de 1482.

VIA DEI BENCI LE MUSÉE HORNE

Une rue caractéristique de la ville, le long de laquelle se trouvent encore de nombreux palais et des maisons du 14e s. avec leurs façades à bossage lisse et leurs fenêtres en ogive. En via dei Benci, dans le Palais du Cronaca, au n. 6, on trouve le Musée Horne, constitué d'objets d'art fort divers et de meubles collectionnés par le critique anglais E. P. Horne.

Florence. Palais Peruzzi

LE PALAIS PERUZZI

De Piazza San Firenze en prenant Via dell'Anguillara on traverse la Via Torta dont le tracé en courbe s'explique par le fait que les habitations qui la bordent s'élèvent sur l'ancien Amphithéâtre romain, comme d'ailleurs le Palazzo Peruzzi 14e s. que l'on reconnaît immédiatement à sa façade incurvée.

LE PALAIS CASTELLANI LE PALAIS BARDI

Sur la Piazza dei Giudici se dresse le Palais des Castellani ou Palais dei Giudici, appelé ainsi parce que c'était le siège du Tribunal ecclésiastique de la Rote. Il date du 14e s. C'est là que se trouve le Musée des Sciences qui témoigne de la prodigieuse activité scientifique durant le 17e s. et des nombreuses découvertes qui furent encouragées par les Grand-ducs de la famille des Médicis.
Parmi les nombreux objets exposés, citons les instruments optiques de Galilée, les thermomètres de l'Académie du Cimento, le compas à calculer, le premier baromètre de Torricelli et les microscopes perfectionnés de Giovan Battista Amici.
Le projet du Palais des Bardi, tout proche, est attribué à Filippo Brunelleschi. Quel qu'en ait été l'architecte, c'est une élégante construction du 15e s. C'est dans ses salles que se réunissait la célèbre Camerata des Bardi ou Camerata florentine dont les membres créèrent le mélodrame ou drame musical italien.

LA MAISON BUONARROTI

La maison de Buonarroti se trouve dans la Via Buonarroti. Cette construction avait été achetée par Michel-Ange pour un membre de sa famille. Ses héritiers, parmi lesquels figure l'homme de lettre Michel-Ange le Jeune, transformèrent la maison en une sorte de musée en l'honneur de leur célèbre ancêtre.
Dans la maison on garde une série de souvenirs, de manuscrits et de portraits du maître ainsi que plusieurs esquisses et de nombreux dessins authentiques qui nous montrent les recherches de Michel-Ange pour la Chapelle Sixtine, pour la façade de l'église de San Lorenzo, et d'atures travaux.

Florence. La Synagogue

LA SINAGOGUE

Sa construction, entreprise en 1874, dura plus de huit ans; elle fut inaugurée en 1882. Oeuvre des architectes Treves, Falcini et Micheli, le temple, pour ne pas imiter certaines église chrétiennes, s'inspire d'un style exotique, le style mauresque, insérant ainsi une note toute nouvelle en Toscane et particulièrement à Florence.
Précédé d'une grilel et d'une belle allée qui en accentue l'effet scénographique, l'édicie présente un plan triangulaire allongé, une abside e n hémicycle sur le côté court en cace des entrées et une coupole hémisphérrique qui, au centre, s'appuie sur un haut tambour.

Comme il a été déjà dit, le Ghetto de Florence n'existe plus. Il était situé entre l'actuelle *Piazza della Repubblica et la Piazza dell'Olio,* mais fut complètement détruit au siècle dernier pour y construire le nuoveau centre-ville. In en reste cependant quelques témoignages dans des tableaux (*Signorini,* par exemple); dans quelques noms de rue ou de place (43Cortile de'bagnia, où se trouvaient les bains rituels; *Via Condotta,* etc.); dans l'épigraphe placée au-dessus de la vielle porte d'entrée, qui disait que "Les Juifs avaient été séparés de l'union avec les chréetiens, mais pas chassés"; dans l'allusion, enfin, quei se trouve dans l'inscription placée sur l'arc de *Piazza della Repubblica:* "L'antique centre de la cité, après avoir été lugubre pendant des siècles, est rendu à una vie nuovelle". Toutefois, au mons dans un secteur, le Gehtto n'était pas vraiment "lugubre" s'il est vrai que l'urbanisme en fut confié à Bernardo Buontalenti, le célèbre architecte, qui inclut dns l'enceinte des palais solennels habités auparavant par des familles nobles. On y trouvait, jusqu'à uen époque récente, des oratoires et des synagogues où l'on officiait selon les divers rites.

Florence. Place Ss. Annunziata, Hôpital des Innocents

Place S. Marco - Place Ss. Annunziata - Galerie de l'Académie

PLACE SS. ANNUNZIATA

La Place a une forme un carré et elle est limitée — en venant de la place du Dôme — à droite par le Portique de l'Hôpital des Innocents, en face par le Portique de l'église de la SS.Annunziata, à gauche par le Portique de la confrérie des Serviteurs de Marie. Au centre se dresse la statue équestre de Ferdinand ler avec aux côtés, les deux fontaines du Pietro Tacca.

L'HÔPITAL DEL INNOCENTS

Le fameux Portique de l'Hôpital fut construit entre 1419-34 par Brunelleschi pendant qu'il travaillait d'un autre côté à la coupole du Dôme. L'hôpital est l'œuvre de laquelle, en architecture, on fait commencer la Renaissance. Filippo Brunelleschi (1377-1446) réunit dans son génie artistique une période qui finit et une autre qui commence. Le portique de l'Hôpital est la première œuvre de ce style: elle doit son originalité à la fusion des principes de l'antiquité avec les nouveaux éléments architectoniques et cette fusion résulte des exigences de la sensibilité moderne. Du palier qui surmonte les gradins s'élèvent de fines colonnes soutenant de légères arcades. Puis au-dessus de l'entablement l'espace est ponctué d'élégantes fenêtres. Ces éléments — arcades, entablement, espace — se trouvent soulignés par l'exacte harmonie des couleurs — vert-olive pour l'enduit, grisbleu pour les arêtes —, qui impriment à l'ensemble un sentiment da sérénité. Des documents récemment découverts permettent d'attribuer à Brunelleschi la construction de l'hôpital tout entier. On doit à Andrea della Robbia l'insertion dans les pendentifs, en 1463, des dix médaillons en terre cuite émaillée.

L'EGLISE

L'église et ses annexes avaient été le centre du culte que dans sa ferveur religieuse le peuple professait pour l'image de la Vierge, l'*Annunziata*,dont le visage aurait été tracé par une main divine. L'origine de ce culte remonte à la fondation de l'ordre des Serviteurs de Marie par quelques nobles qui, au 13e siècle, avaient voulu se retirer dans la vie contemplative.
L'ensemble artistique parvenu jusqu'à nous ne conserve que trois des éléments de la construction réaliséesur dessins de Michelozzo: le vestibule, le petit temple avec l'image miraculeuse et le cloître des morts. On y remarque, dans le vestibule, la *Nativité* d'Andrea del Sarto. L'intérieur offre un aspect typiquement baroque. L'église est

Galerie de l'Académie. Michel-Ange, Statue de David (dét.)

célèbre pour les tombes qu'elle contient de quelques grands artistes: Cellini, Pontormo, Franciabigio, d'Andrea del Sarto et Jean Bologne.

LE PALAIS DES GRIFONI

En face de l'Hôpital, en 1516, Sangallo l'Ancien et Baccio d'Angolo élevèrent la Colonnade de la confrérie des Serviteurs de Marie. Le troisième côté fut completété harmonieusement dans le même style par Giovanni Caccini vers 1600, avec une colonnade, et par Bartolomeo Ammannati avec le Palais Grifoni (1563).

A l'entrée de la Place S.Marco et avant de pénétrer dans un monde qui va nous paraître fabuleux nous prendrons à gauche par la via Ricasoli et au n60, nous visiterons l'Académie, qui abrite un groupe de fort belles sculptures de Michel-Ange, entre autres la statue du David et les ébauches des Prisons qui devaient orner la tombe du Pape Jules II.
Le David est la statue de marbre qui se présente dèsl'entrée.
L'œuvre fut réalisée entre 1501 et 1504.
C'est le corps d'un jeune homme qui se prépare à une lutte pour la vie ou la mort contre l'ennemi de son peuple. La responsabilité de cette entreprise, la gravité du résultat final ont exalté toutes les forces de ce corps jusqu'à leur suprême limite: la tête et les mains en sont la sublime expression.
Michel-Ange n'est pas simplement inspiré par l'intérêt pour cette scène biblique. Avec son David il lance un défi aux ennemis de sa patrie.

MICHEL-ANGE

Les figures des Prigioni extrêmement puissantes et dramatiques semblent sortir violemment du marbre en se libérant toutes seules

de la matière inanimée.
Le groupe de la Pietà de Palestrina s'anime d'un sentiment douloureux qui naît du vain effort tenté par les Maries en voulant retenir le corps du Christ qui s'écroule irrémédiblement. Le sujet, en raison de son expressivité et de son caractère dramatique, se prêtait plus que tout autre aux exigences de l'artiste.
La pinachothèque contient des toiles de très grande valeur de l'école toscane et de l'l'cole florentine. A côté des œuvres de Michel-Ange qui suscitent l'intérêt majeur, des toiles d'artistes toscans du 13e et du 14e s. méritent une attention particulière. Celui que l'on appela le Maître de la Maddalena est l'auteur du très beau Paliotto della Maddalena avec la figure de Madeleine en premier plan et des épisodes de sa vie.
On trouve des œuvres à fond d'or d'une grande poésie de Bernardo Daddi, et une intéressante Pietà de Giovanni da Milano.
Une série de panneaux illustrant de Scènes de la vie du Christ et Scènes de la vie de St. François sont de Taddeo Gaddi.

LE COFFRE DE MARIAGE ADIMARI

Partie antérieure d'un coffre de mariage peint avec beaucoup de grâce par un artiste inconnu qui représente avec un soin extrême un cortège de dames et de cavaliers, tous richement vêtus pour la cérémonie des noces; sur le fond, peinte avec grande précision, la ville de Florence où l'on reconnaît parfaitement certaines constructions existantes. Grâce à la précision des détails, cette œuvre constitue un document très intéressant pour l'histoire des coutumes florentines.
Autres œuvres importantes remontent au 15e et au 16e s. Rappelons entre autres une Annonciation de Lorenzo Monaco, où l'on retrouve encore des éléments de goût gothique; la très délicate Madone de la mer de Sandro Botticelli qui doit son nom au paysage maritime que l'on aperçoit au fond à droite, au-d'elà des fenêtres. Du même artiste, une autre Madone avec les anges. Raphaël est présent avec son Saint Jean dans le désert. Citons encore d'autres œuvres de Jacopo di Cione, Spinello Aretino, Baldovinetti, Paolo Uccello et de Ghiralandaio.

Galerie de l'Académie. Coffre de Mariage Adimari (dét.)

Place San Marco vu du portique de l'Académie

SAINT MARC
LA PLACE, L'ÉGLISE, LE COUVENT

La Via Cavour, qui s'appelait alors Via Larga, était devenue, du temps de Laurent le Magnifique, une des artères principales de la ville. Elle se termine sur la Piazza San Marco que borde le Couvent et l'Église de Saint Marc qui existaient depuis le 12e s. En 1437, Cosme chargea son architecte Michelozzo de reconstruire l433nsemble. Le couvent fut totalement refait, tandis que l'église primitive, romano-gothique ne reçut que des restaurations.
De toute façon l'abiside et la sacristie représentent les seules parties qui restent de la construction primitive.
L'église fut restructurée intérieurement par Jean Bologne, puis par Silvani, en 1580 et en 1678. Le même Jean Bologne dessina les plans de la Chapelle de saint Antonin, où l'on conserve le corps de ce saint. L'église de S.Marco est intéressante comme lieu de sépulture de deux célèbres poètes et hommes de lettres qui on vécu à la cour de Laurent le Magnifique: Jean Pic de la Mirandole (1463-1494), fameux pour sa prodigieuse mémoire, et Angelo Ambrosini, dit Ange Politien (1454-1494).
Quant à sa façade, c'est une addition baroque de la seconde moitié du 18e siècle.
Le couvent abrite aujourd'hui le Musée de San Marco ou de l'Angelico. Et de fait, il rassemble presque toute l'œuvre picturale de Fra' Angelico.
Le primer Cloître est dédié à saint Antonin, prieur de San Marco, puis archevêque de Florence.
Quant aux nombreuses scènes représentées dans les lunettes de ce premier cloître, elles ne furent peintes que plus tard, au 16 s. et au début du 17e s.
Il n'y a que cinq fresques d'Anglico, représentant Saint Dominique aux pieds de la Croix, Saint Thomas, le Christ et deux dominicains, la Pietà, et Saint Pierre Martyr. A droite les salles de l'Ospizio dei Pellegrini rassemble de nombreux tableaux d'Angelico, entre autres la Madonna dell'Arte dei Linaioli (1433), un Jugement final et trente-cinq tableautins avec des

Scènes de la vie de Jésus.
De l'autre côté du cloître, par la Salle du Lavabo, on accède au Grand Réfectoire, où la vaste fresque du fond, fut réalisée par Sogliani, disciple de Fra'Bartolomeo, à qui l'on doit le Jugement final.
Fra'Bartolomeo fut l'autre grand peintre dominicain de San Marco (1475-1517). Dans la Salle du Chapître Angelico peignit la grande fresque allégorique de la Crucifixion.

Couvent de San Marco, Musée de l'Angelico. Beato Angelico, Déposition

LE PETIT CLOÎTRE LE GRAND CLOÎTRE

Dans le premier cloître on conserve la cloche appelée la piagnona (la guignarde), qui appelait le peuple aux prêches de Savonarole et que les Palleschi enlevèrent du clocher et fouettèrent symboliquement dans les rues de la ville.
Dans le Petit Réfectoire Ghirlandaio réalisa une grande Cène vers 1480.

Couvent de San Marco, Premier Étage. Beato Angelico, Annonciation

On passe maintenant dans le second clître, de Saint Dominique dont l'architecture est de Michelozzo. Au premier étage, où sur trois côtés se succèdent les cellules des moines en simple ou double file, Angelico peignit, entre 1439 et 1445, des scènes de la vie du Christ et de la Vierge.
En haut de l43escalier, une Annonciation, œuvre de rare poésie. En face, la cellule de saint Antonin: au fond du couloir, deux cellules réservés à Cosme l'Ancien pour ses retraites, décorées d'un Crucifix et de l'Adoration des Mages. Là se trouve l'entrée de la Bibliothèque construite sur plans de Michelozzo, en plein style Renaissance, avec trois nefes sur colonnes (1441). Cette pièce abrita les huit cents

précieux volumes que l'humaniste Niccolò Niccoli collectionna en se ruinant et légua au couvent por être mises à la disposition des chercheurs.

Au bout du troisième couloir, l'Appartement du Prieur, fut, à la fin du 15e s., occupé par Savonarole. Consitué de trois petites pièces il contient aujourd'hui des documents iconographiques du moine prédicateur et réformateur, et, entre autres, le portrait qu'a fait de lui Fra'Bartolomeo.

Couvent de San Marco, Cloître de San Antonino

Couvent de San Marco, Musée de l'Angelico. Beato Angelico, Jugement Dernier

Couvent de San Marco, Musée de l'Angelico. Beato Angelico, Crucifixion

CENACLE SANTA APOLLONIA

Cénacle Santa Apollonia. Andrea del Castagno (1423-57) par sa plastique en ronde-bosse s'inspire de la vision de Masaccio et de son origine paysanne. On a recueilli dans cette longue salle du réfectoire de Santa Apollonia, ses œuvres les plus significatives: la *Cène* et les figures de neuf personnages détachées des murs de la villa Pandolfini à Legnaia.

Ces fresques se trouvent, provisoirement aux Offices. Il s'agit de figures massives, plus grandes que nature, avec un air souvent dédaigneux comme celle de Pippo Spano.

L'intérêt artistique de la Cène résulte de l'ordannance dramatique et de l'expression des figures: ces deux caractères étant renforcés par les contrastes violemment appuyés des volumes et du trait.

LE QUARTIER MÈDICIS

Il est inutile de rappeler que la famille Médicis donna à ce quartier de la ville un très grand essor en y faisant construire des palais et des édifices religieux, en y traçant de nouvelles rues et en y aménageant de splendides jardins.

Mais son importance majeure, la ville la dut à l'intérêt que la famille Médicis sut donner aux diverses manifestations de l'esprit humain et au développement qu'elle leur imposa, tant dans le domaine artistique que dans celui de la recherche scientifique, des lettres et de la spéculation philosophique.

Bien d'autres édifices intéressants s'élèvent dans le quartier où, jadis, s'étendait le grand Jardin de San Marco que Laurent le Magnifique avait peuplé d'innombrables statues et bas-reliefs antiques achetés à Rome.

Clarice Orsini, l'épouse de Laurent, avait acheté ce magnifique jardin qui devint bien vite le témoignage de l'essor artistique de Florence.

Beaucoup de jeunes artistes s'exerçaient au dessin et à la sculpture en prenant pour modèles les œuvres romaines que Laurent le Magnifique avait disposées le long des avenues du jardin. Le vieux sculpteur Bertoldo, auquel avait été confiée la garde de cette collection, fut le premier à remarquer le grand Michel-Ange et à en faire son élève.

Armoiries des Médicis

Cénacle de Sante Apollonia. Andrea del Castagno, La Cène

L'atelier de tapisseries fut créé en 1545 par Cosme Ier Au coin de la Via degli Arazzieri, la Palazzina della Livia, construite en 1775 par Bernardo Fallani, sur commande du Grand-Duc Pierre-Léopold qui y installa la danseuse Livia Malfatti.

LE CASINO MEDICEO

Parmi ces édifices, signalons particulièrement le Casino Mediceo, construit par Buontalenti, en une architecture renaissance un peu solennelle, pour le compte du Grand-Duc François IIe.
Le nom de *Casino* indique une maison de campagne qui se trouvait, au moment où elle fut construite, à la limite qui séparait la ville de la rase campagne.
C'est dans cette maison qu'Antonio de Médicis fils du Grand-Duc Francesco I et de la vénitienne Bianca Cappello, créa et donna de l'extension à ses industries artistiques, parmi lesquelles la fabrication de la porcelaine atteignit une renommée européenne grâce à sa qualité. Les fresques des pièces situées au premier étage sont intéressantes pour les portraits et les costumes; elles illustrent des épisodes de la vie des Grands-Ducs Cosme Ier, Francesco Ier, Ferdinando Ier et Cosme Ier.

LE PALAIS PANDOLFINI D'APRES DES ESQUISSES DE RAPHAEL

Entre la Via Salvestrina et la Via San Gallo s'élève le Palais Pandolfini qui aurait été construit d'après des dessins de Raphäel, par les frères Sangallo dans la seconde décade du 16e s.

Florence. Palais Pandolfini

Florence. Palais Médicis-Riccardi, Premier Étage, Chapelle. Benozzo Gazzoli, Cortège des Rois Mages à Béthléem

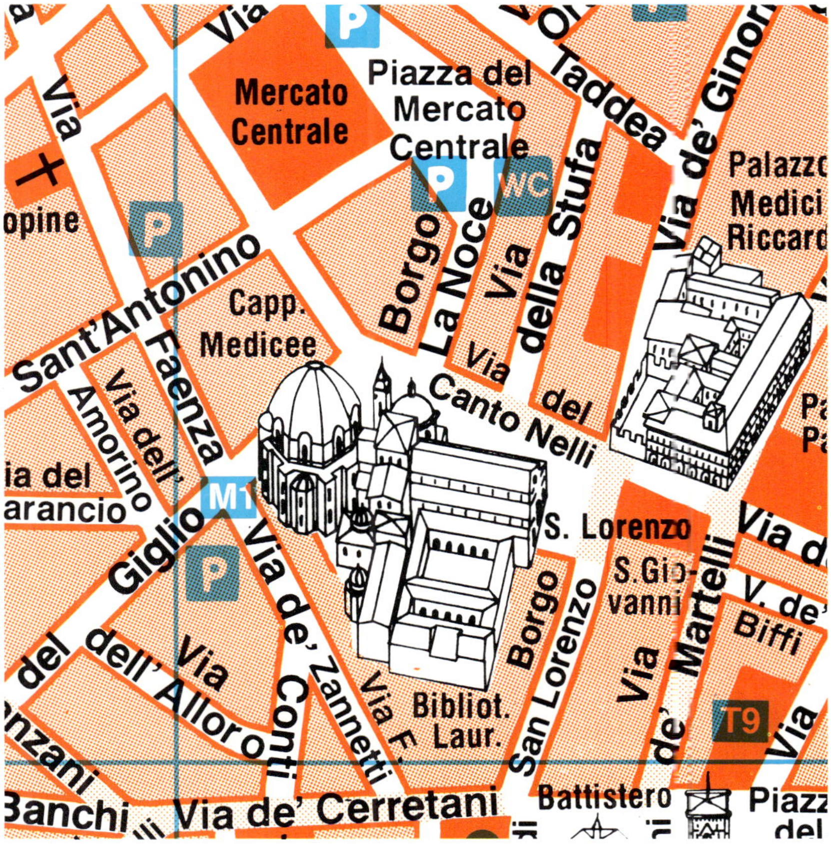

S.Lorenzo - Eglise de S.Lorenzo - Chapelle des Princes - Sacréstie Vieille - Sacréstie Nuovelle - Bibliothèqye Laurenziana - Palais Médicis-Riccardi - Place du Marché Centrale - Via S.Lorenzo vers Place S.Giovanni

LE PALAIS MÈDICIS RICCARDI

Entre via Cavour (ancienne via Larga) et via dei Gori, s'élève le palais où ils vécurent, qu'ils transformérent pour en faire, grâce à leur généreuse hospitalité, *l'hotel du monde*, et qu'ils enrichirent d'œuvres d'art inestimables.
L'architecture de palais Médicis a servi comme modèle à presque tous les palais en style Renaissance à Florence.
Michelozzo y travailla entre 1444 et 1460.

Le plan est celui traditionellement suivi, le plan carré avec cour centrale et arcades. Les façades dont le revêtement mural se fait à chaque étage plus lisse et plus lumineux, bordées en leur sommet par une puissante corniche, s'ouvrent aux étages supérieurs par d'élégantes fenêtres biforées. En 1670, les nouveaux propriétaires, les Riccardi, agrandirent l'édifice, déséquilibrant ainsi la forme géométrique parfaite de la construction.

Par le coin de gauche de la cour on entre dans le Musée Médicis, c'est-à-dire dans des pièces qui corre-

Palais Médicis-Riccardi

Florence. Palais Médicis-Riccardi, Premier Étage, Chapelle. Benozzo Gozzoli, Cortège des Rois à Bethléem (dét.)

spondent à la loggia d'angle, à la chambre à coucher et au bureau de Laurent le Magnifique.

Au premier étage se trouve encore, bien qu'endommagée par l'adjonction du grand escalier d'honneur, la Chapelle conçue par Michelozzo et décorée par les splendides fresques de Benozzo Gozzoli, qui représentent Le Cortège des Rois Mages à Bethleem un long cortège bariolé qui se déroule dans la campagne toscane.

La fresque, réalisée par Gozzoli entre 1459 et 1460, reflète clairement l'atmosphère du 15e s.

Beaucoup des personnages qui y sont représentés sont des portraits des Médicis et de princes italiens. Julien, sous la figure du jeune homme à cheval dans la partie à gauche de l'entrée, et Joseph, le patriarche de Constantinople. Sur le panneau en face de la porte nous remarquerons Jean VIII Paléologue avec Maria, Bianca et Nannina, les trois soeurs de Laurent le Magnifique; sur la paroi de droite, Laurent le Magnifique et son père Pierre le Goutteux. On peut également distinguer les portraits de Benozzo Gozzoli et de Frà Angelico.

De la décoration intérieure actuelle est intéressante la fresque qui couvre la voûte de la galerie peinte par Luca Giordano avec l'*Apothéose de la maison Médicis*.

Une série d'allégories qui reflètent l'esprit mythologique de la littérature florentine du 17e s., sont dessinées avec hardiesse et une grande fraîcheur de couleurs.

SAN LORENZO

Au fond de la via dei Gori on entre sur la piazza S. Lorenzo occupée par la statue de Giovanni dalle Bande Nere, père de Cosme Ier et par la masse de l'église.
L'église S. Lorenzo a des origines fort lointaines. Il semble qu'en cet endroit, qui se trouvait à peine hors de la première enceinte de remparts, s'élevait un ancien oratoire consacré par Saint-Ambroise, évêque de Milan, en 393.
On la refit à l'époque romane (consécration en 1060). En 1423, Giovanni di Bicci dei Medici chargea Brunelleschi de la reconstruire une seconde fois. L'artiste y réalisa son chef-d'œuvre. Il y travailla de 1425 à 1446 et, après sa mort, on poursuivit l'ouvrage sous la conduite d'Antonio Manetti. L'intérieur comporte trois nefs, avec plafonds à caissons sur fond blanc et rosaces dorées, se caractérise par une élégance harmonieuse qui naît de la concéption philosophique du temps transposée en lignes et espaces. Parmi les ouvrages importants de l'église notons la tabernacle en marbre de Desiderio da Settignano (1428-64), sur le mur de la dernière travée de la nef droite, et, à la même hauteur, au centre, les deux chaires de Donatello. Desiderio, le meilleur élève de Donatello, modèle le marbre comme de la cire et il y imprime toute la grâce de son talent. La perfection artistique de ce tabernacle en a fait un véritable prototype. Les chaires, terminées par Bertoldo et Bellano, n'ont de Donatello que quelques panneaux. Les grilles devant les marches de la chapelle principale marquent le lieu où fut enterré Cosme L'Ancien. Dans la première chapelle de droite du transept de gauche, la tombe de Donatello, l'artiste le plus populaire et, sans doute, le plus typique de l'époque, la même chapelle présente une Annonciation de Filippo Lippi.
San Lorenzo devint, pour ainsi dire, l'église de la famille Médicis. Ce fut elle qui confia à Michel-Ange le soin de construire la façade intérieure, la Nouvelle Sacristie, la Bibliothèque, mais aussi la façade principale extérieure, laquelle ne fut jamais réalisée.

LA CHAPELLE DES PRINCES

La monumentale Cappella dei Principi, construite par Nigetti contre l'abside de l'église, offre un plan octogonal et des murs revêtus de marbres rares et de pierres dures dont la teinte sombre donne à la

Place San Lorenzo. Église de San Lorenzo

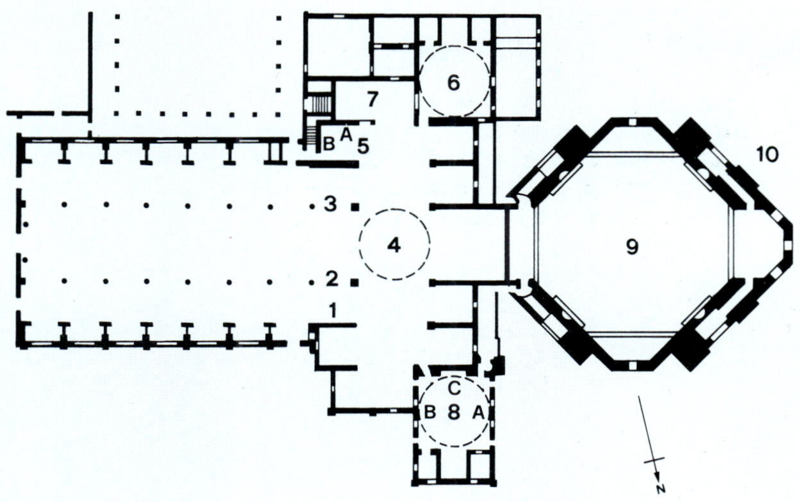

Plan de San Lorenzo. 1) Tabernacle de Desiderio da Settignano 2-3) Chaires de Donatello 4) Lieu de Sépulture de Cosme le Vieux 5) Chapelle des Martelli A- Tombeau de Donatello B- Filippo Lippi, Annonciation et 2 Anges 6) Vieille Sacristie 7) Michel-Ange, Bibliotheque Laurenziana 8) Nouvelle Sacristie A- Tombeau de Laurent II, duc d'Urbino B - Tombeau de Julien, fils de Laurent le Magnifique C - Tombeau de Julien et Laurent le Magnifique 9) Chapelle des Princes 10) Piazza Madonna

pièce un caractère funèbre, un effet de somptuosité et de faste mais aussi de médiocrité spirituelle. Le sentiment de la mort a disparu pour laisser place à la pompe et à la magnificence de l'époque grand-ducale.

Dans les cryptes souterraines reposent Cosme Ier François Ier, Ferdinand Ier, Cosme IIème, Ferdinand IIème, Cosme IIIème.

Par le cloître, de style brunelleschien, on accède à la Bibliothèque Laurentienne, édifiée par Michel-Ange, qui contient des manuscrits et documents de valeur inestimable, qui autrefois faisaient partie des trésor accumulés par Cosme l'Ancien et Laurent le Magnifique. Parmi les pièces les plus intéressantes se trouvent les actes du Concile pour la Réunification des églises et divers manuscrits sur parchemin.

Église de San Lorenzo. Intérieur

Nouvelle Sacristie. Michel-Ange
1. La Nuit
2. Le Jour
3. Le Crépuscule
4. L'Aurore

LA VIEILLE SACRISTIE

Au fond et à gauche se trouve la petite pièce de la Sacrestia Vecchia, charmant joyau de l'architecture Renaissance, ouvrage de Brunelleschi (1420-1429). C'est une pièce en forme de dé recouverte par une calotte hémisphérique avec les murs blancs et les arètes en grès bleu-gris — pietra serena — ressortant nettement.
L'atmosphère de cette salle est profondément suggestive: on dirait qu'il s'en exhale un sentiment de résignation et de sérénité, devant la mort que l'homme doit accepter comme une conclusion naturelle de la vie. La décoration sculpturale est due à Donatello, qui réalisa également l'émouvant buste de *Saint-Laurent*, en terre-cuite, les *Saints Cosme et Damien* et les bas-reliefs en bronze de la porte. Les œuvres de la Sacristie appartiennent à la dernière période de son activité, mais elles révèlent encore une ténacité et une force créatrice dans la représentation de la réalité. Les tombeaux des Médicis trouvèrent d'abord leur place dans cette Sacristie, les parents de Cosme l'Ancien sous la dalle du milieu, les fils Giovanni et Pietro dans le magnifique sarcophage en porphyre et bronze conçu et exécuté par Verrocchio, avec la collaboration de Léonard de Vinci. Andrea del Verrocchio, joaillier et sculpteur, démontre, par les procédés dont il use pour construire et décorer ce tombeau, que tous les matériaux peuvent servir à des effets artistiques.

LA NOUVELLE SACRISTIE

On sort de l'église, on se dirige vers la gauche, et en contournant l'édifice jusqu'à piazza Madonna, on trouve l'entrée aux Chapelles Médicis et à la Nouvelle Sacristie.
Pour recueillir les dépouilles mortelles des autres Médicis, on construisit la Sacrestia Nuova, déjà mentionnée, chapelle indépendante, avec entrée particulière de l'extérieur. Autant était calme et serein le goût architectural de Brunelleschi autant fut nerveux et tragique celui de Michel-Ange.
Michel-Ange travaille de 1523 à 1531 à cet ensemble artistique; et bien qu'il le laisse inachevé.
L'architecture et la sculpture s'unissent intimement; statues et parois dans leur galbe évoquent l'angoisse tragique de la mort à laquelle l'homme ne veut pas se résigner.
C'est là que furent ensevelis Julien de Médicis, tué pendant la conjuration des Pazzi, et Laurent le Magnifique. Les deux autres personnages inhumés eurent leurs tombeaux achevés par Michel-Ange: le premier est celui de Lorenzo, duc d'Urbino, dont la statue, au centre du monument, le montre dans une attitude pensive: on le surnomma en effet le pensif. Reposent également sur le tombeau les statues symboliques de l'*Aurore* et du *Crépuscule*. Le second est celui de Giuliano, duc de Nemours. troisième fils de Laurent le Magnifique, mort dans sa jeunesse. Le sculpteur l'a représenté revêtu de la cuirasse et portant le bâton de commandement. A ses pieds, les deux statues du *Jour* et de la *Nuit*. Ces deux figures sont, à juste titre, considérées comme les chefs-d'œuvre de Michel-Ange.

Michel-Ange Laurent Duc de Urbino ou La Pensée

Michel-Ange, Julien Duc de Nemours ou l'Action

Église de San Lorenzo, Nouvelle Sacristie. Intérieur

Florence. Vue de Orsanmichele, le Campanile de Giotto et la Coupole de Brunelleschi

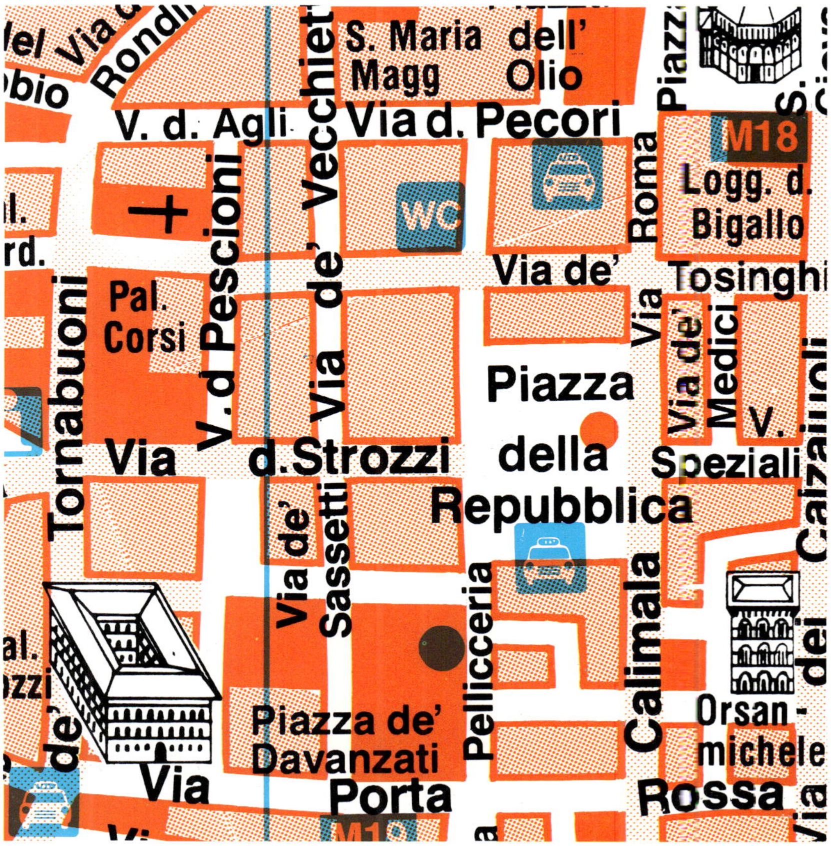

Place de la Repubblica ou Forum - Via Calimala, Via Roma ou Decumanus - Loge du Bigallo - Palais Strozzi - Via Tornabuoni vers Place S. Trìnita.

LOGE DU BIGALLO

Au coin de la rue Calzaioli, s'élève l'ancienne Loge du Bigallo. A Florence au 13e s., sous le nom de Sainte Marie de la Miséricorde était née une confrérie qui se proposait d'assister les malades, les blessés et les indigents, et d'accompagner les morts au cimetière.
Elle s'était installée dans la Loge du Bigallo qui fut construite entre 1352 et 1358, sans doute d'après un projet dû à Arnoldi.
En 1425 la Compagnie du Bigallo remplace l'ancienne Confrérie. La plupart des fresques qui décoraient la Loge ont été perdues.
On a prélevé les fresques si restantes pour eviter qu'elles finissent de se détériorer et on peut maintenant les admirer dans la Salle du Conseil. La fresque de la *Madonna della Misericordia* est particulièrement intéressante: elle nous montre une perspective de Florence telle qu'elle était en 1352 avec la façade de l'ancien Dôme.
Depuis la Piazza della Signoria on arrive à la Piazza del Duomo en parcourant la Via Calzaiuoli. Elle présente des vestiges de tours tronquées et dûment restaurées, de célèbres palais, et l'église de Saint Charles (San Carlo) qui fut commencée en 1349 par Benci di Cio-

ne et terminée quarante ans plus tard par Simone Talenti.
Dans cette rue l'on trouve, à gauche, Orsanmichele, un des monuments les plus évocateurs de Florence. De style gothique flamboyant, il fut construit en 1337, pour servir de halle aux grains. En 1380, on suréleva l'édifice de deux étages percés d'élégantes trifores.
Ses grandes fenêtres du rez-de-chaussée, fort élégantes, ont été dessinées par Talenti.
Les statues qui ornent les nombreuses niches des pilastres constituent une véritable galerie pour la sculpture florentine du 14e au 16e s. *Saint Jean Baptiste, Saint Matthieu* et *Saint Etienne* sont de Ghiberti, l'*Incrédulité de Saint Thomas,* de Verrocchio; *Saint Luc,* de Jean Bologne; *Saint Pierre et la Princesse* ainsi que *Saint Mar* de Donatello.

Les autres statues ont pour auteur Nanni di Banco, Lombardi, Ferrucci et Baccio da Montelupo. Les divers arts s'occupèrent de décorer l'édifice et ils firent placer, à l'intérieur des niches creusées dans les murs des quatre côtes, la statue du saint patron de chaque corporation.
A l'intérieur se trouve le Tabernacle d'Andrea Orcagna (1349-59) qui interpréta le gothique florentin par une profusion d'ornements.
Le tabernacle d'Andrea Orcagna est une œuvre conçue comme exvoto pour la fin de la peste de 1348, calamité qui, sur le plan littéraire, inspira un autre chef-d'œuvre: le Décaméron de Boccace.
Derrière Orsanmichele, et relié à lui par un passage au-dessus de la rue, se trouve le palais de l'art de la laine, une des corporations les plus prospères du 13e siècle, alors qu'elle occupait jusqu'à 30.000 employés.

Orsanmichele

Palais de l'Art de la Laine, la nuit

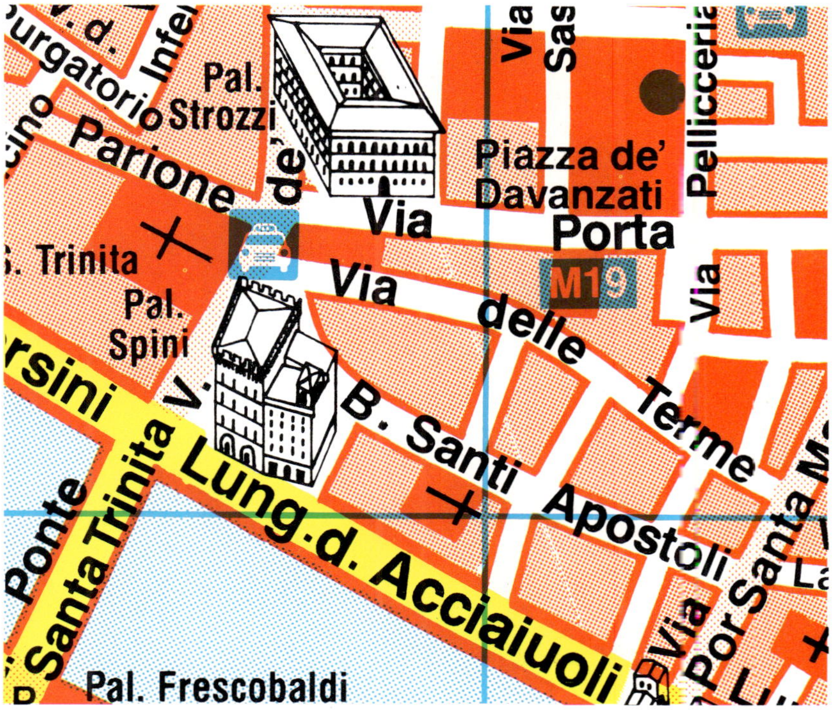

Une zone du 14e siècle - Palais Ferroni - Via delle Terme ou zone des Thèrmes Romaines - Palais Strozzi - Via Fôr S.Maria

Palais Davanzati, Chambre Nuptiale. Histoire de la châtelaine de Viergi (fresque)

LA LOGGIA DEL MERCATO NUOVO ET LE PORCELLINO

Non loin, la Loggia del Mercato Nuovo, construite par Tasso vers le milieu du 16e s.
C'est l'endroit de la vente des articles en paille; jadis ce fut un marché pour les négociants en soie et en joaillerie, puis le lieu où s'arrêtait le char au retour de la guerre.
Sous les arcades de la Loggia se trouvait la sculpture représentant un sanglier. L'original, une œuvre classique en marbre, est conservé actuellement à la Galerie des Offices. les Florentins appelaient ironiquement ce sanglier le porcellino - le petit cochon.

LE PALAIS DU PARTI GUELFE

Le Palais du Parti Guelfe a une façade du 14e s. La façade postérieure fut transformée au 15e s. sur un dessin de Brunelleschi et complétée par la suite par Vasari.
Cette construction est d'un grande intérêt car elle offre une synthèse de l'essor de l'architecture civile du 14e - 16e s.

L'ÉGLISE DES SS. APOTRES

L'ancienne église des Ss. Apôtres, de style roman, est construite contre un des murs des thermes ro-

Florence. Loge du Marché Neuf

mains et au-dessus d'un cimetière d'enfants. La via delle Terme et le Borgo dei Ss. Apostoli est une zone très pittoresque et semble trouver toute son expression dans l'église du même nom, avec sa façade typique et son intérieur de type basilical à la charpente découverte. Le style de la Florence du 13e et 14e siècles y est marquablement conservé.

LE PALAIS DAVANZATI ET LE MUSÉE DE LA MAISON FLORENTINE ANCIENNE

Plus loin le magnifique Palazzo Davanzati, exemple classique d'édifice privé du 14e s., avec son étroite façade très haute et couronnée d'une loggia architravée.
La vie de la cité à cette époque, devenue plus tranquille, permit l'ouverture au rez-de-chaussée de vastes fenêtres et de portails. La cour intérieure éclaire les pièces distribuées le long des côtés: une d'entre elles, au premier, dite *madornale*, assume le rôle de salon de réception. Le décor s'est conservé presque intact, aussi bien au premier qu'au seconde. La plus connue des pièces est la Stanza dei Pappagalli, des Perroquets. Ce palais abrite aujourd'hui le Musée de la Maison Florentine Ancienne, avec des mobiliers et décors florentins des 15e et 16e s.
Sur la même place se trouvent les anciennes maisons-tours appelées *Case dei Foresi*.
Nous avons déjà parlé de la fonction de ces constructions du 13e s. Ajoutons qu'on en comptait plus de 170 et que beaucoup atteignaient une hauteur de 60 mètres. Cette hauteur fut limitée à 25 mètres au plus par une loi de 1250.

LE PALAIS STROZZI

En revenant Via Tornabuoni, nous y trouvons un des plus intéressants édifices civils du 15e s., le Palazzo Strozzi, commencé en 1489 par Benedetto da Maiano et achevé par Cronaca. Il présente une imposante corniche en saillie et une cour intérieure avec galeries à deux étages. A partir du socle aménagé en banc, le bâtiment s'élève sur trois étages, le rez-de-chaussée plus fermé, avec de hautes fenêtres quadrangulaires et un bossage plus grossier, tandis que le premier et le second s'ouvrent davantage par une file de baies à bifores cintrées s'appuyant sur un bandeau fort simple. Le bossage atténue son relief à mesure que s'élève la façade.
Aux angles on voit les fameuses lanternes en fer forgé de Niccolò Grosso surnommé Il Caparra.
Le quartier du palais Strozzi a été entièrement redistribué au 19e siècle avec des rues se coupant à angle droit, comme via dei Pescioni, via degli Agli et les autres.

Florence. Palais Davanzati

LA PLACE ET L'ÉGLISE DE SANTA TRINITA

La place est dominée par l'Eglise de Santa Trìnita, bel exemple d'architecture gothique florentine (seconde moitié du 13e s.) et par nombreux et importants palais, Bertolini-Galimberti, Spini-Ferroni et Gianfigliazzi.
La colonne érigée au milieu de la place provient des Thermes de Caracalla à Rome.
La façade date de la fin du 16e s.; œuvre de Buontalenti, elle s'inspire déjà du baroque.
L'intérieur, qui s'est maintenu intact, est attribué pour l'architecture à Nicola Pisano.
Entre 1483 et 1491, Ghirlandaio y décora la Chapelle Sassetti avec des fresques représentant des *Scènes de la vie de Saint François*: certaines d'entre elles ont pour cadre la Florence de l'époque et offrent le portrait des donateurs et des Médicis. Le même artiste réalisa la peinture d'autel, *Adoration des Mages*. Dans la seconde chapelle, à gauche du chœur, se trouve le tombeau en marbre de Benozzo Federici, évêque de Florence, orné de terres cuites émaillées de Luca della Robbia.

Florence. Église de Santa Trìnita. Domenico Ghirlandaio, Adoration des Bergers

Florence. Vue panoramique

LE PONT DE SANTA TRINITA

Le pont fut construit une première fois en 1252. Ayant été détruit par une crue du fleuve, il fut reconstruit par les moines Sisto et Ristoro, architectes de l'église de Santa Maria Novella.
En 1333 il fut de nouveau emporté par une crue exceptionnelle et immédiatement reconstruit par les maîtres de Santa Reparata.
En 1560, peut-être suivant les conseils de Michel-Ange, un nouveau pont fut construit par Bartolomeo Ammannati qui mit deux ans à terminer cette œuvre très originale. En effet on adopta une solution technique nouvelle, qui, au lieu d'opposer d'énormes masses au choc des eaux en crue, prévoyait une structure plus légère et des lignes fines pour ne pas entraver le courant du fleuve. Sans la moindre raison tactique les troupes allemandes firent sauter le pont durant leur retraite, le 4 août 1944. La reconstruction reproduit l'original et l'on utilisa pour ce faire les matériaux récupérés.

L'élégance de lignes du pont et la technique originale de sa construction, ont suscité un grand intérêt et de vives polémiques lorqu'il s'est agi de le reconstruire après la dernière guerre. On admire également, pour leur finesse, les quatre statues en marbre qui représentent les saisons, aux entrées du pont, et qui ordonnent la construction dans l'espace.

A la sortie du Pont de Santa Trìnita, du côté droit, le Palazzo Ferroni, grandiose et sévère édifice de la fin du 13e s., à quatre étages surmontés de créneaux.
L'aspect de forteresse du palais jadis souligné par un haut donjon angulaire, plus tard détruit, fait un violent contraste avec la souplesse du pont de S. Trìnita.

LE PALAIS CORSINI SUR LES QUAIS DE L'ARNO

La galerie Corsini située sur le Lungarno du même nom, avec entrée par la rue de derrière.
C'est une collection de peintures qui vont du 15e au 17e siècles avec des œuvres de Sustermans, Caravage, Pontormo, Filippino Lippi et Luca Signorelli.

RUE DE LA VIGNA NUOVA LE PALAIS RUCELLAI ET LA LOGGIA

Après le croisement avec la via dei Tornabuoni, la via degli Strozzi bifurque. Prenons la rue de gauche, via della Vigna Nuova, bien typique de Florence.
En via della Vigna Nuova on trouve un autre édifice Renaissance, le Palazzo Rucellai, construit entre 1446 et 1451 par Rossellino, sur plan de Leon Battista Alberti. On y revoit les motifs architectoniques et décoratifs de l'époque, mais là ils atteignent plus de grâce et d'harmonie, non seulement à cause d'une plus grande régularité et d'un plus faible relief du bossage, mais aussi du fait que de légers pilastres viennent agrémenter les trumeaux entre les fenêtres.
Le palais s'inscrit dans ce courant d'humanisme créé par Alberti et profondément différent de celui, plus officiel, qui se rattacha à Brunelleschi.
En face du Palais Rucellai s'élève la Loggia construite par Leon Battista Alberti; elle a été murée et elle sert maintenant de bureau.

Florence. Palais Rucellai

Place S.Maria Novella - Eglise de S.Maria Novella Cloîtres - Cloître Vert - Place de la Gare

Vue aérienne du complèxe monastique de Santa Maria Novella

L'ÈGLISE DE SANTA MARIA NOVELLA

Les deux moines architectes, Sisto da Firenze et Ristoro da Campi, commencèrent les travaux concernant l'église, qui sera la plus grande de l'Ordre. De style romano-gothique elle ne sera terminée que deux siècle plus tard, entre 1450 et 1470, d'après les plans de L. B. Alberti.
L'intérieur, à trois nefs reposant sur piliers polystyles et arcs ogivaux, constitue un exemple fort intéressant de l'architecture gothique en Italie malgré de profondes transformations dans le pavement et dans les autels.
Le clocher date du 14e siècle. Le nom de Novella vient du fait qu'en 1279 on construisit de nouveaux bâtiments pour remplacer ceux plus modestes du début.
Ce centre religieux joua un rôle de tout premier plan dans la vie de la cité pendant et après le Moyen-Age. L'époque de son plus grand prestige correspond aux luttes féroces que suscita l'hérésie des Patarins qui, se greffant sur des intérêts économiques et politiques, avait recruté en peu de temps un grand nombre de prosélytes.
Les trésors d'art que révèle cette église sont de premier ordre, à commencer par l'étonnante fresque de Masaccio sur le mur de gauche, correspondant à la troisième travée, qui représente la *Trinité* (1428).
La chapelle principale est la plus intéressante car elle est presque entièrement décorée par des fresques de Ghirlandaio et ses élèves, au nombre desquels on compta le jeune Michel-Ange (1485-1490). Ces fresques, commandées par Giovanni Tornabuoni et par sa femme Francesca Pitti, dont on voit également les portraits, narrent des épisodes de la vie de Marie et du Baptiste. Domenico Ghirlandaio (1449-1494) fixe les traits dans de très nombreux portraits et il évoque des scènes charmantes d'atmosphère citadine et familiale.
La Chapelle Filippo Strozzi, la première à droite du presbyterium, est décorée de fresques scénographiques où F. Lippi (1503) présente une de ses dernières œuvres avec *Histoire de Saint Philippe et de Saint Jean Baptiste*. Le tombeau de Strozzi, placé derrière l'autel, fut dessiné, à la fin du 15e s., par Benedetto da Maiano. Le célèbre Crucifix que modela Brunelleschi à l'occasion d'un concours avec Donatello, se trouve dans la Chapelle Gondi, édifiée par Giuliano da Sangallo en 1503. La seule chapelle intégralement conservée est celle des Strozzi de Mantoue, ornée des merveilleuses fresques de Nardo di Cione, dit l'Orcagna, en 1357.
Sur le mur du fond le *Jugement final*, à droite, l'Enfer et, en face, le Paradis, avec des scènes inspirées de la *Divine Comédie*, de Dante, dont le visage apparaît parmi les bienheureux. Le retable de l'autel, avec *Triomphe du Christ*, est du même artiste.
En passant dans la Sacristie, dessinée par Jacopo Talenti, on admirera un Crucifix attribué a Giotto.

LA GRANDE CHAPELLE DES ESPAGNOLS

On sort de l'église pour entrer dans les Cloîtres du couvent annexe, ensemble gothique de grand intérêt. Le Cloître Vert, construit en 1350, doit son nom aux fresques en terre verte exécutées par divers artistes, entre autres Paolo Uccello.
Le petit Cloître des Morts, d'épo-

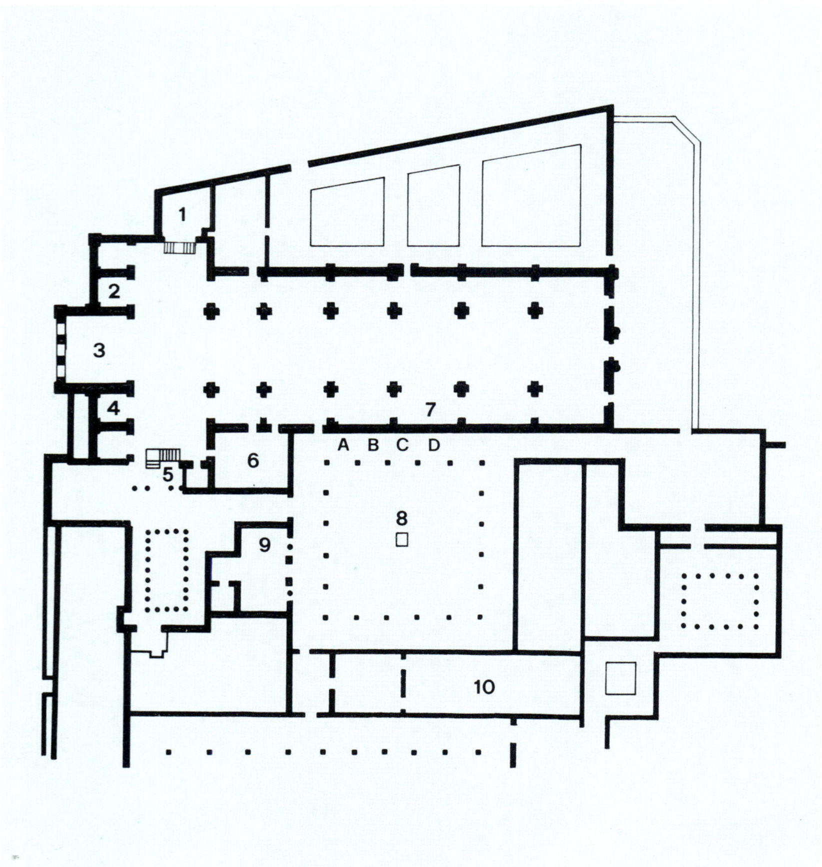

Plan de Santa Maria Novella et des Cloîtres. 1) Chapelle Rucellai 2) Chapelle de Filippo Strozzi 3) Chapelle Majeure 4) Chapelle Gondi 5) Chapelle Strozzi 6) Sacristie 7) Masaccio, Trinité avec Marie et St-Jean 8) Cloître Vert A- Paolo Uccello, 1425, Création des Animaux et Création de Adam, Paradis Terrestre, Création de Ève et Péché Original B- Entourage de Paolo Uccello, Ière moitié du 15e siècle, Expulsion du Paradis Terrestre, Eve, Caïn et Abel, Travail de Adam, Sacrifice de Caïn et Abel, Caïntue Abel C- Entourage de Paolo Uccello, Ière moitié du 15e siècle, La Ville de Enoch, Lanech tue un homme et un garçon, Présage du Deluge, Construction de l'Arche, Entrée des Animaux et de Noé avec sa famille dans l'Arche D- Paolo Uccello, Moitié du 15e siècle, Le Deluge et Retraite des Eaux, Sortie de l'Arche et Sacrificie de Noé, La Bénédiction et Le Pacte Divin, Veille et Enivrement de Noé 9) Grande Chapelle des Espagnols 10) Réfectoire

que romane, compte de nombreux tombeaux; vient ensuite le Grand Cloître (Ecole des Carabiniers), avec cinquante- et-une arcades contenant des fresques des 16ᵉ - 17ᵉ s.
Sur le Cloître Vert, s'ouvre le fameux Cappellone degli Spagnoli édifié en 1359 par Talenti, pour les réunions du Chapître de l'Ordre. La Grande-Duchesse Eléonore de Tolède, femme de Cosme Iᵉʳ, ayant attribué la chapelle aux gentilshommes de sa suite, provoqua la nouvelle dénomination chapelle des Espagnols. Ses parois furent entièrement décorées à fresque, vers 1367, par de nombreux peintres de l'école gothique, en particulier Andrea di Bonaiuto; sur le mur du fond scènes de la Passion, à droite, Allégorie de l'Eglise militante; è gauche Triomphe de la Sagesse; sur le mur de l'entrée *Episodes de la vie de St. Pierre*.
Les fresques constituent le document le plus vaste de l'art religieux florentin au 14ᵉ siècle.
Ces peintures ne font que répercuter l'écho des luttes qui déchirèrent Florence pendant les 12ᵉ et 13ᵉ siècles et elles représentent les événements les plus importans auxquels ont participé les protagonistes, Saint-Thomas d'Aquin et Saint-Pierre martyr.

L'ÈGLISE DE OGNISSANTI

L'église d'Ognissanti est surtout intéressante par la curiosité historique qu'elle présente en offrant les portraits des Vespucci et, parmi ceux-ci, l'effigie d'Amerigo, l'homme qui a donné son nom à l'Amérique.
La fresque dont il est question se trouve dans la seconde chapelle: le jeune homme entre le vieillard vu de dos et la Madone est peut-être le navigateur Amerigo, alors que la jeune fille vêtue de rouge est Simonetta, qu'aima Julien de Médicis.
L'église remaniée au 17ᵉ s. contient trois œuvres intéressantes: la Madone de la Miséricorde qui protège la famille des Vespucci sur le second autel à droite; Saint-Augustin dans son bureau peint par Botticelli en 1480 et, en face, Saint-Jérôme egalement dans son bureau, peint par Ghirlandaio.

D. Ghirlandaio: Un Miracle de Saint François (Dét).

Florence. Ponte Vecchio et le Corridor de Vasari à droite, en raccourci

Ponte Vecchio - Rive Gauche de l'Arno - Palais Pitti - Place du Carmel - Eglise S. Spirito

AU-DELA DE L'ARNO L'ÈGLISE DE SANTA FELICITA

L'église, très ancienne, fut plusieurs fois transformée jusqu'à ce que l'architecte Ferdinando Ruggeri lui donne en 1760 son aspect actuel. L'édifice, qui communique avec le couloir reliant Palazzo Vecchio et le Palais Pitti qui passe au-dessus du portique, devint la chapelle de cour des Grands-Ducs qui assistaient aux cérémonies depuis les tribunes supérieures. La première chapelle à droite, Capponi, fut construite par Brunelleschi vers 1425.

LE PONTE VECCHIO

De la Piazza della Signoria on accède rapidement à l'Arno qui, en cet endroit, est franchi par le Ponte Vecchio, ancien axe routier en bas de Fièsole, pour les communications entre l'Etrurie du nord et du sud. C'est une des constructions les plus typiques de Florence, par laquelle en 1345, Neri di Fioravanti transforma un vieux pont de bois en un ouvrage en pierre. Peu après, de chaque côté, le pont fut surchargé de boutiques, d'abord louées aux bouchers. Mais, au début du 16ᵉ s. l'administration municipale les réserva aux bijoutiers et joailliers, qui ajoutèrent des annexes en saillie sur la rivière pour accroître la surface des pièces.
Puis Vasari établit, par-dessus les boutiques, le corridor reliant les Offices au Palais Pitti.
C'est le seul pont qui n'ait pas sauté pendant la dernière guerre, mais, en revanche, sur chaque côté tout

Florence. Ponte Vecchio

le pâté de maisons fut détruit.
C'est là que se trouvait le quartier du 12e siècle de la ville. Et quelques rues, telles que Borgo Ss. Apostoli et via delle Terme, ont conservé l'atmosphère de cette époque, sévère et renfermée.
Les Lungarni ou quais sur l'Arno, ont été construits au 19e siècle pour protéger la ville des inondations. Ils devinrent tout de suite une promenade recherchée par les Florentins et les touristes. De ces rives on jouit en effet du spectacle superbe qu'en toute saison offre la suite harmonieuse des ponts.

En passant sur la rive gauche de l'Arno et en prenant la Via Guicciardini on arrive en face du grandiose Palais Pitti qui fut édifié pour une des plus puissantes familles du commerce florentin, rivale acharnée des Médicis. Luca Pitti chargea Brunelleschi d'en dresser les plans en 1440 mais la construction ne débuta qu'en 1458 sous la direction de Luca Fancelli. Le désir du propriétaire était d'avoir un palais surpassant en dimension et en majesté tous ceux de la ville et, particulièrement, le Palais Médicis. Les fenêtres du premier étage devaient avoir au moins la taille des portes du second.
D'ailleurs on doit noter que le bâtiment d'origine correspond seulement à la partie centrale du palais actuel, avec sept fenêtres. Les travaux furent interrompus au bout de huit ans, en raison d'une gêne financière de la famille dont les rivalités politiques et économiques avaient compromis les ressources. Si bien qu'en 1549, Buonaccorso Pitti vendit le palais à la femme de Cosme 1er, Eléonore de Tolède. La construction fut reprise, en 1560, sous la direction d'Ammannati qui aménagea l'immense cour, puis, au 17e s., Giulio et Alfonso Parigi développèrent la façade. Celle-ci présente une surface en bossage rustique et sévère qui contraste avec le luxe intérieur des pièces.
Pendant trois siècles environ, les salons de ce palais virent se dérouler la vie princière des Grands-ducs, qui tinrent à une demeure digne de leur rang. La riche décoration fut réalisée pendant toute l'histoire de ce Grand-siècle, et, malgré l'évolution du goût, conserva une remarquable unité de style.

Aujourd'hui le palais abrite la Galerie Palatine, le Musée des Argents et la Galerie d'Art moderne. Le noyau de la collection de peinture, constitué par Ferdinand II, surtout grâce au legs de sa femme Vittoria della Rovere d'Urbino, s'enrichit sous les Médicis et les Lorraines.

Palais Pitti

GALERIE PALATINE

La visite présente un double intérêt: d'abord en raison des œuvres des maîtres célèbres qu'elle contient, ensuite pour la richesse des salles où elles ont été disposées. Ces salons ont été décorés à fresque d'une manière somptueuse au 17e s., avec des scènes mythologiques, qui donnent le nom du sujet à chacune d'elles. Dans la salle de l'Iliade, Raphaël est présent avec la *Femme enceinte,* œuvre de la période florentine.
On remarque ensuite un Portrait de gentilhomme de Titien, les deux tableaux de l'Assomption d'Andrea del Sarto et les célèbres portraits de Sustermans et de Velasquez.
La salle de Saturne est fameuse par la *Madone du Grand-duc,* de Raphal, où le peintre fait preuve d'un lyrisme délicat dans les nuances, ce qui constitue l'élément le plus raffiné de l'école ombrienne et qui se résout en une expression immédiate de foi. Le portrait de Tommaso Inghirami, secrétaire de Jules II, est une copie de l'atelier de Raphaël: il nous montre le type du seigneur de la Renaissance, à l'air d'un marchand, mais au regard rapide et vif, habitué à prévoir les évènements. Particulièrement intéressant sont les portraits d'Angelo et Maria Doni de Raphaël. Après quelques œuvres du Pérugin, d'une grâce mignarde, nous rencontrons une toile fort populaire de Raphaël: la *Madone à la chaise.* Raphaël Sanzio (1483-1520) est le peintre qui résout les problèmes de composition d'un tableau grâce à des jeux de couleurs dont la subtile évanescence exprime le contenu du style avec une extrême délicatesse. Dans les paysages d'Ombrie qui lui servent de fonds la nature qu'il traite lyriquement se prolonge jusqu'à l'horizon. La salle de Jupiter présente la *Déposition* de Frà Bartolomeo, une *Annonciation* d'Andrea del Sarto et la *Femme voilée* de Raphaël. Dans ce portrait de femme l'artiste nous donne l'image la plus vivante de la Fornarina, qui fut son grand amour. Quant à la toile les *Trois Ages* de l'homme, sujet et coloris l'ont fait attribuer à Giorgione, tandis que la critique d'aujourd'hui la considère comme de Giovanni Bellini. Dans la salle de Mars on remarque l'intéressant *Portrait du cardinal Hippolyte de Médicis* et, dans la salle d'Apollon, la *Madeleine* de Titien. Cette figure de femme est née parmi les eaux de la lagune, dans ce climat humide où les couleurs se fondent l'une dans l'autre.
La salle de Vénus abrite deux œuvres particulièrement fameuses du Titien: un portrait de femme, la *Belle,* et le *Concert.* La Belle présente une image de femme où la beauté de la chevelure et du vête-

Galerie Palatine. Titien, Portrait de Pietro Aretino

Galerie Palatine. Titien, Le Concert (dét)

Palais Pitti. Galerie Palatine. Raphaël, Vierge du Grand- Duc

ment rehausse l'éclat de la chair. Dans le Concert les personnages sont sous le charme d'une musique dont les accents font vibrer l'atmosphère de la salle.
Le *Portrait de Pierre l'Arétin,* le célèbre chroniqueur de la Renaissance, représente la figure même de la colère, de l'instinct et de la sensualité.

On descend au rez-de-chaussée. Les vastes salons abritent le Musée des Argents, avec les pièces les plus précieuses de la collection de Laurent le Magnifique. Cette collection réunit un ensemble de calices, vases, coupes en pierres dures finement travaillées, ivoires et gemmes décorés. Parmi les très nombreuses pièces intéressantes signalons le cabinet d'Allemagne de la salle n. 3. les seize vases de Laurent le Magnifique de la salle n. 4, et la collection de camées et pierres précieuses de la salle n. 6. Au second étage se trouve aménagée la Galerie d'Art Moderne. Elle groupe des peintures et des sculptures des 19ᵉ et 20ᵉ siècles. L'ensemble des tableaux le plus nombreux est constitué par les œuvres des Macchiaiuoli (tachistes) qui ont pour chef de file Giovanni Fattori et Telemaco Signorini. Des fenêtres on a de beaux points de vue sur le Jardin Bòboli. On monte au troisième étage et on entre dans les Appartements monumentaux qui servirent de salons d'apparat pour les familles souveraines qui s'y sont succédées: Médicis, Lorraine, Savoie. C'est une suite de pièces qui tirent leur nom des décorations ou plutôt de leurs sujets. D'autres font partie d'appartements habités par des personnalités importantes comme la reine Marguerite ou le roi Humbert I. Enfin on trouve la salle de bal, la galerie des statues et des peintures.

Galerie Palatine. Titien, Portrait d'un Gentilhomme dit l'Anglais

Galerie Palatine. Sustermans, Portrait de Galileo Galilei
Galerie Palatine. Antoine Van Dyck, Portrait d'Henriette Marie de France

LA JARDIN DE BOBOLI

Puis, dehors, on entreprend la visite du Jardin Bòboli, qui s'étend sur la colline du même nom depuis le Palais Pitti jusqu'au fort du Belvédère et à Porta Romana. Le jardin Bòboli représente un des plus célèbres jardins à l'italienne.
On se promenera le long des allées, on s'arrêtera pour admirer les statues, l'amphithéâtre, les bassins qui l'égaient, les grottes ornées de sculptures qui le décorent. Trois architectes fameux ont participé a son aménagement: Tribolo, Ammannati et Jean Bologne.

A' gauche de l'entrée se trouve le petit Bacchus, statue d'un nain à cheval sur une tortue: au fond de l'allée s'ouvre la grotte de Buontalenti: pavillon de trois pièces décorées de statues où l'on remarquera la Vénus de Jean Bologne au milieu de stalactites artificielles. On monte par la droite jusqu'à l'amphithéâtre, et, en chemin, on rencontre la fontaine de l'Artichaut, belle réalisation de Tadda.
L'amphithéâtre orne ses gradins de statues et son centre d'une vasque en granit gris provenant des Thermes romains de Caracalla et accompagnée d'un obélisque du 3e s. av. J.C.
On gravit la pente jusqu'au Vivier de Neptune avec la statue de la divinité. Plus haut apparait la vigoureuse statue de l'Abondance, et, au sommet, le fort San Giorgio.

A proximité de la sortie du Jardin Bòboli se trouve le célèbre Musée le Physique et d'Histoire Naturelle, communément appelé la Specola. C'est le Grand-Duc Pierre Léopold de Lorraine qui acheta le palais et y fit installer un observatoire astronomique. Il compte parmi ses collections plus de 600 préparations anatomiques en cire, d'un réalisme impressionnant.

Le Fort de Saint Georges ou du Belvédère, avec sa forme en étoile, s'inscrit dans le cercle des anciennes murailles construites par Michel-Ange pour défendre Florence (1529).
On contemple d'ici un vaste panorama de Florence tandis que du côté opposé s'élève en pente douce la verdoyante colline de San Miniato.

Jardin de Bòboli. La Fontaine de L'Océan

SANTA MARIA DEL CARMINE CHAPELLE BRANCACCI

Un autre grand ensemble de l'Oltrarno est constitué par le Couvent de Santa Maria del Carmine. L'église, d'origine médiévale fut refaite en 1771, après un incendie important, mais échappa à la destruction la Chapelle Brancacci dont la décoration murale représente un des plus beaux témoignages de la peinture italienne. Elle fut commencée par Masolino da Panicale, peintre de la fin du gothique, pour le marchand Felice Brancacci. Elle fut continuée par Masaccio, vers 1425, et terminée, entre 1474 et 1485, par Filippino Lippi.
Masaccio, un des plus grands génies de l'art italien, mort tout jeune et mystérieusement à Rome, avait recueilli le message de Giotto et il sut en transmettre l'esprit jusqu'à ses limites en utilisant l'apport des nouvelles expériences de la Renais-

Église des Carmes, Chapelle Brancacci. Masaccio le Païement du tribut

sance. La vigueur, l'expressivité, la couleur, la ligne, la perspective de son œuvre au Carmine, font ressortir d'une manière poignante le drame de l'humanité aux moments cruciaux de sa création.
C'est l'un des quartiers les plus peuplés et les plus populaires de Florence, dont l'écrivain Pratolini sut mieux que tout autre se faire l'interprète sincère et fervent.
L'église de San Frediano in Cestello surmontée d'une coupole caractéristique construite à la fin du 17e s. par Antonio Ferri, constitue un point de repère fixe pour la visite de ce quartier.
Durant la première décade du 18e s. Antonio Gabbiani exécuta les fresques de la cuvette de la coupole avec la *Gloire du Paradis*. La porte de San Frediano, du 14e s., appartenait à la troisième enceint de remparts, dont la construction fut commencée, semble-t-il, en 1285. Le dessin de cette porte est attribué a Andrea Pisano.

Florence. Église de San Frediano in Cestello

Florence. Vue panoramique

LE PALAIS CAPPONI

On arrive ainsi sur la rive de l'Arno: au bout du quai Guicciardini s'élève le Palais Capponi dont le salon d'honneur est décoré de peintures de Bernardino Poccetti; elles furent exécutées en 1585 et elles représentent les exploits dont fit partie Pietro di Gino, l'homme politique, passé à l'histoire pour avoir prononcé, à l'occasion de l'occupation de Florence par Charles VIII, la phrase fameuse, *Et si vous faites sonner vos trompettes, nous ferons sonner nos cloches.*

LE PONT DELLE GRAZIE
LE PALAIS TORRIGIANI
LE MUSÉE BARDINI

Le Pont alle Grazie, reconstruit après 1944, fut le troisième pont qui fut jeté pour unir les deux rives du fleuve en 1237 sur l'ordre de Rubaconte de Mandello, podestat de Florence de l'époque, auquel le pont dut son nom original. Construit à proximité de l'Oratoire de la Madonna delle Grazie, il changea ensuite de nom et conserve encore celui de Ponte alle Grazie. Sur chacun des pignons se trouvaient autrefois de minuscules cellules dans lesquelles vivaient volontairement enfermées de pieuses femmes qui fondèrent par la suite des monastère, au nombre desquels figure celui des Murate, qui est aujourd'hui une prison.

Au pied du pont s'étend la Place dei Mozzi, du nom une riche et puissante famille florentine. Actuellement sur le côté droit de la place se dressent les deux Palais Torrigiani, du 16e s., dont le plus important fut dessiné par Baccio d'Agnolo et l'autre par son fils Domenico.

En face, dans un palais dont les fenêtres sont constituées d'élément architecturaux provenant des autels d'une église de Pistoia, se trouve le Musée Bardini.
Il offre des sculptures, des peintures et des instruments de musique des diverses époques.

PIAZZALE MICHEL-ANGE

De ce quartier les nombreuses routes conduisant à San Miniato sont, ou larges et commodes, telles que Viale dei Colli et Viale Michelangelo, ou bien fort escarpées, et quelquefois en escaliers parmi les cyprès. Au milieu de jardins et de villas s'étend le Piazzale Michelangelo, qui constitue, sans doute, le meilleur endroit pour jouir d'une panorama sur Florence. L'arrangement est dû a l'architecte G. Poggi 19ᵉs. Le piazzale (esplanade) a été baptisé du nom de Michel-Ange dont les œuvres sont évoquées par des copies disposées sur le monument du centre.
L'esplanade est généralement occupée par de nombreuses voitures automobiles qui déversent un flot de touristes venus pour admirer du haut de la terrasse la ville qui se déploie dans la vallée. Le magnifique paysage se renouvèle suivant les heures et le ciel qui font varier la lumière.

Florence. Vue arérienne du Piazzale Michel-Ange, avec le flevue Arno et la ville

L'ÉGLISE DE SAN MINIATO AL MONTE

L'Eglise de San Salvatore al Monte, entourée de cyprès, ouvrage de Cronaca (1475), est établie à l'emplacement d'un ancien oratoire.
Par une rampe traversant une beau paysage on parvient à l'Eglise de San Miniato al Monte, typique exemple florentin de construction romane, avec sa magnifique et toute simple façade à revêtement de marbre, où l'élégance du dessin géométrique souligne la pureté de la ligne architecturale. Elle fut commencée en 1018 sur ordre de l'évêque Hildebrand et dédiée à San Miniato, martyr chrétien du 3ᵉ s., qui, suivant la légende aurait, une fois décapité, pris en main sa tête et, après avoir gravi la colline, serait venu mourir là où s'élève aujurd'hui l'église et où se trouvait, en ce temps, un cimitière chrétien. La construction ne s'acheva qu'au 13ᵉ s.
L'intérieur présente trois nefs, un toit à poutres apparentes et un pavage à incrustations de marbres (1207). Le presbyterium, surélevé, repose sur une vaste crypte à sept nefs, peuplée d'élégantes et minces colonnes, et jadis décorée, sur ses voûtes, de fresques dont il reste quelques fragments attribués à Taddeo Gaddi. L'église contient de nombreuses œuvres d'art: datant des premières années du 13ᵉ s. les magnifiques clôtures ajourées et la Chaire sculptée et incrustée, du milieu du 15ᵉs., le Choeur en bois; de 1297, la grande mosaïque décorant la cuvette de l'abside et représentant le *Christ bénissant entre Marie et San Miniato*. Au centre, la Chapelle du Crucifix construite par Michelozzo en 1448 pour Pierre le Goutteux, père de Laurent le Magnifique en l'honneur de Jean Gualbert, fondateur de l'Ordre de Vallombreuse, un des saints les plus populaires de Florence. Dans la nef de gauche, se trouve la Chapelle du Cardinal de Portugal, construction de la Renaissance, due à la collaboration d'Antonio Manetti, qui dressa les plans, de Luca della Robbia, qui réalisa les cinq médaillons, d'Antonio Rossellino, qui créa le sarcophage, d'Antonio del Pollaiuolo, Alesso Baldovinetti et Pietro del Pollaiuolo, qui exécutèrent les peintures. La Sacristie, décorée à fresques par Spinello Aretino avec des *Scénes de la vie de Saint Benoit*, (1387), permet d'accèder au Cloître, qui, dans la loggia supérieure, garde des restes de fresques de Paolo Uccello. Le Campanile, construit en 1523 par Baccio d'Agnolo, porte encore le siège de Florence en 1530. Michel-Ange qui avait organisé la défense en plusieurs endroits, avait entre autre installé deux couleuvrines dans le clocher de San Miniato. L'adresse de l'artilleur Lupo avait fait des ravages dans les rangs des Impériaux qui avaient concentré le feu sur le clocher pour réduire au silence les deux couleuvrines. Durant la nuit, Michel-Ange, qui prévoyait une canonnade plus meurtrière avait accumulé de la terre au pied du clocher et l'avait entièrement tapissé jusqu'à la cage, de matelas, de paillasses et de ballots de laine. Ce clocher devint pour les florentins le Campanile vestito, le clocher habillé. Près de l'église se trouve le Palais des Vescovi, une construction crénelée du 14ᵉ s. Cette visite convient aux touristes épris de la nature et de beaux panoramas.
C'est in dépassant les limites imposées, dans de sentiers pavés serrés entre des murs et bordés d'oliviers et de lierre grimpant, que l'on comprend l'harmonie de Florence et que l'on peut, en arrêtant le regard sur le vaste cirque de collines qui la protègent de trois côtés, deviner la simple beauté de son art.

Église de San Miniato al Monte. Mosaïque de l'abside

Église de San Miniato al Monte. Façade

Panorama des collines de Fièsole

LES ENVIRONS DE FLORENCE

Les collines entourent cette ville splendide comme une couronne; ce paysage serein et très doux joua un rôle important dans la formation du caractère de ses habitants. Après avoir visité les monuments de la ville, il est tout naturel de s'aventurer aux alentours de Florence où le gris argenté des oliviers et le vert sombre des longs cyprès tranchent sur le vert tendre de l'herbe et des champs.
De petits villages groupés au sommet des coteaux s'ouvrent sur de riantes vallées. Des routes montent et descendent le long des pentes, débouchant sur de vastes paysages ou se resserrant entre des murs. Le pays est parsemé de fermes et de villas. Noues indiquons ici rapidement quelques-uns de ces pays.

LA CHARTREUSE DE GALLUZZO

La Chartreuse du Galluzzo fut construite à partir de 1341 aux frais de Niccolò Acciaiolli, qui la destina aux Chartreux. Une autre centre religieux naquit en 1350 a Monte Oliveto.
La villa di Poggio Imperiale fut la luxueuse habitation de campagne des Grandes-Duchesses de Médicis. Son aspect actuel date des dernières années du 18e s., sous Leopoldo 1er.
Les villas qui entourent Florence sont presque toutes liées à la famille des Médicis qui les firent construire et les utilisèrent comme résidences d'été ou comme pavillons de chasse. Villa Medicea di Careggi, reconstruite et fortifiée par Michelozzo en 1433. C'est ici que vécurent et moururent Cosme l'Ancien et Laurent le Magnifique. Ce dernier y recevait durant ses séjours des hommes de lettres et des artistes. Villa di Castello où passèrent leur jeunesse Giovanni - appelé par la suite Jean aux Bandes Noires et son fils Cosme, Grand-Duc de Florence.
La villa possède un jardin du 16e s., de nombreux jeux d'eau et des statues, et un parc luxuriant qui la relie à Villa della Petraia. Elle fut achetée par le cardinal Ferdinando de Médicis qui la fit entièrement transformer par Buontalenti en 1575.

Rappelons d'autres villas aux alentours de Florence. Villa Salviati construite en 1470 par Giuliano da Sangallo; Villa Palmieri qui est, d'après la tradition, l'endroit choisi par Boccace pour y situer son Decameron; Villa Medici di Belcanto, construite en 1458 par Michelozzo pour le compte de Cosme l'Ancien, restée célèbre pour avoir accueilli l'Accademia Platonica fondée par Marsilio Ficino. Avec la Villa del Poggio à Caiano, Giuliano da Sangallo créa le modèle des résidences aristocratiques de campagne vers 1480.
Au printemps Laurent le Magnifique y réunissait sa cour. Le pape Léon X, l'Empereur Charles-Quint et l'archiduchesse Jeanne y séjournèrent. En outre c'est ici que moururent, presque simultanément, le Grand-Duc Francesco I de Médicis et la vénitienne Bianca Cappello, dont on soupçonne qu'ils furent empoisonnés, en 1587; dans les pièces de cette villa Cosme III relégua et fit enfermer sa femme, Marguerite Louise d'Orléans, avant de la renvoyer en France.

FIESOLE ET SETTIGNANO

De viale Strozzi, prendre à gauche vers la place de la Liberté où se trouve l'ancienne porte S. Gallo. Prendre sur la gauche la via Don Minzoni, après la voie ferrée on arrive dans la via A. Volta pour aller à Fièsole. Le parcours traverse un paysage ravissant, où dominent les cyprès et les oliviers.
Sur la route qui mène à Fiesole on passe d'abord à San Domenico où vécurent deux hommes célèbres:

l'un Saint Antonino fut célèbre pour Florence et pour l'Église, l'autre, Frà Angelico le fut pour le monde.
Outre l'intérêt qu'offre son passé historique, dont les ruines du théâtre et des remparts étrusques et romains sont le vivant témoignage, Fiésole est un lieu plein de charme, grâce à la transparence de l'air, à sa lumière et à son panorama. Dans le Dôme (de style roman, de 1028) se trouve le chef-d'oeuvre de Mino da Fiésole, le tombeau de l'évêque L. Salutati. Au sommet de la colline, où se trouvait l'antique Acropole, le Couvent de Saint François domine toute la vallée de Florence. De là on peut rejoindre le pays de Settignano, célèbre pour son école de maîtres de pierre et parce que c'est là que naquirent Desiderio et les Rossellino.

STIBBERT LE MUSÉE DES ARMURES

A Montughi on peut visiter le très intéressant Musée Stibbert qui possède une précieuse collection d'armes et d'armures anciennes. Ce musée se trouve dans une villa qui appartint à la famille Davanzati.
Outre les armes on peut admirer une extraordinaire Cavalcade de quatorze cavaliers revêtus de leur armure complète, sont exposés des objets artistiques, des étoffes et d'autres curiosités d'époque.

Florence. Les restes du 3e circuit de murs

INDEX

Galerie des Office. Antonio du Pollaiolo, Portrait de jeune femme

Distributeur: DITTA EMMEVU
Via del Corno, 9/r - Via Vinegia,
28-30/r 50122 FIRENZE
Tel. 055 283.556

(Couvert) Vue panoramique

Publié per les Edizioni Storti Snc.
Venezia, Italia

Printed in Italy

Imprimé: Avril 1989